Atención al cliente, consumidor o usuario

Guía para el docente y solucionarios

ic editorial

Editado por: IC Editorial
c/ Cueva de Viera, 2, Local 3
Centro Negocios CADI
29200 Antequera (Málaga)
Teléfono: 952 70 60 04
Fax: 952 84 55 03
Correo electrónico: iceditorial@iceditorial.com
Internet: www.iceditorial.com

Guía para el docente y solucionarios:
Atención al cliente, consumidor o usuario

1ª Edición

ISBN: 979-13-7027-095-7
Depósito Legal: MA 1982-2025

Impresión: PODiPrint
Impreso en Andalucía - España

Nota de la editorial: IC Editorial pertenece a Innovación y Cualificación S. L.

Índice

Bloque 1

Guía para el docente: técnicas de enseñanza y aprendizaje

Bloque 2

Solucionarios de ejercicios de repaso y autoevaluación

Bloque 1

Guía para el docente: técnicas de enseñanza y aprendizaje

Contenido

1. Introducción

El presente capítulo está destinado a ofrecer al cuerpo docente responsable de la enseñanza del programa de cualificaciones profesionales y certificados de profesionalidad, una guía metodológica para obtener el máximo rendimiento de los contenidos formativos que han sido desarrollados para el presente título.

La mejora de las habilidades comunicativas y la aplicación de una metodología contrastada de enseñanza, aprendizaje y evaluación permitirá transmitir el conocimiento y adquirir el programa formativo de la forma más efectiva y práctica posible.

Estudiaremos cuáles son los principales elementos que forman parte de la comunicación profesor-alumno, a través de una cuidada selección de sistemas de planificación de estrategias didácticas, así como la utilización de medios y recursos didácticos.

La integración de todas las actividades planificadas alrededor de un plan de formación adaptado e individualizado, aumentará además la satisfacción del alumnado por la utilización de un sistema no lineal e interactivo que se retroalimenta gracias a la relación establecida entre la propia metodología y los actores que forman parte de la enseñanza.

2. El programa de formación

Una de las claves del éxito de la mayoría de las actividades que se realizan en general, y concretamente en la formación, es la **programación.** Es necesaria la programación de las acciones formativas, para que así se pueda alcanzar el objetivo final, es decir, que el alumno obtenga una buena capacitación y adquiera nuevos conocimientos en su repertorio y que, después, sea capaz de emplearlos en su trabajo.

2.1. Definición de programación

Cuando se habla de **programación,** se pueden encontrar multitud de definiciones. Para sintetizar, se podría definir como la actividad de enunciar lo que se quiere hacer (objetivos, contenidos, métodos, temporalización, medios y recursos didácticos y evaluación).

DEFINICIÓN

Programación
Es un plan donde se establecen las acciones que se van a realizar en un proceso de enseñanza-aprendizaje, por medio de un formador o un equipo.

A continuación, se va a describir una serie de características que tiene que tener una programación didáctica:

- Dinámica. Una programación no es estática ni está acabada, siempre está en constante revisión, de ahí su dinamismo. Además va cambiando o evolucionando según los resultados de la evaluación continua que se va realizando durante la ejecución de la acción.
- Flexible. Esta característica permite que se puedan hacer cambios, ampliaciones, reducciones y actualizaciones de los contenidos y actividades programadas, según las necesidades que se observen.
- Creativa. La programación como es un diseño propio y exclusivo, exige creatividad y originalidad. El docente es el que decide sobre el quehacer en el aula teniendo en cuenta las características del grupo, las necesidades que se pretenden satisfacer y las propias posibilidades.
- Prospectiva. La programación consiste en hacer un pronóstico de la interacción que se va a producir en el aula.

- Sistemática. La programación es un proceso sistematizador que da coherencia a la acción formativa, ya que tiene en cuenta todos los elementos (objetivos, contenidos, métodos, temporalización, medios y recursos pedagógicos y evaluación) que intervienen en el acto educativo y analiza sus relaciones.
- Integradora. Permite integrar elementos de cualificación técnico-profesionales con elementos de cualificación personal de alumnado.
- Funcional. Toda programación debe basarse en el perfil profesional de la ocupación y estructurar los contenidos formativos que proporcionan las competencias de ésta.

2.2. Elementos de la programación

Antes de empezar cualquier programación formativa, es necesario tener en cuenta los datos obtenidos del análisis de la ocupación y del grupo al que se dirige la acción formativa. A partir de esta información, se determinan los elementos que van a conformar la programación.

Cuando se realiza la programación de un curso, hay que plantearse previamente las siguientes preguntas:

1. ¿Qué quiero conseguir con la formación?	**OBJETIVOS**
2. ¿Qué conocimientos deben asimilar los alumnos para alcanzar los objetivos propuestos?	**CONTENIDOS DEL CURSO**
3. ¿Cómo trabajamos en el aula? ¿Qué actividades son las que realizamos?	**MÉTODOS DE ENSEÑANZA**
4. ¿Cuánto tiempo tengo y cuánto dedico a cada módulo?	**TEMPORALIZACIÓN**
5. ¿Qué medios y recursos didácticos se necesitan para poder llevar a cabo esas actividades?	**MEDIOS Y RECURSOS DIDÁCTICOS**
6. ¿Cómo sabemos que se ha producido el aprendizaje?	**EVALUACIÓN**

3. Factores determinantes de la efectividad de la comunicación en el proceso de enseñanza-aprendizaje

En toda comunicación que se produzca en el proceso de enseñanza-aprendizaje, existen factores determinantes que obstaculizan o refuerzan este proceso.

3.1. Obstáculos de la comunicación

Relacionados con el emisor

- No expresar de forma clara qué mensaje se quiere transmitir.
- Comentar algo a lo largo de la explicación que no sea lo correcto y pueda resultar desagradable.
- Cambiar el tema de conversación.
- Desviarse del tema que se está tratando.
- No mirar al receptor cuando se quiere expresar algo.
- No estar atento a las señales que emite el receptor.
- Expresar alguna idea a través de los gestos que no se corresponda con la idea a comunicar.

Relacionados con el receptor

- No comprender las ideas que quiere expresar el emisor.
- No pedir explicación al emisor de aquella información que no le haya quedado clara.
- Interrumpir al emisor cuando está hablando.
- Captar algo diferente a lo que el emisor desea transmitir.

Relacionados con el mensaje

- Mensaje confuso.
- Mensaje muy corto.

- Mensaje muy extenso.
- Abuso de muletillas.
- Utilización de frases sin terminar.
- Dar "rodeos" para decir la idea principal.

Relacionados con el contexto

- No ser el momento adecuado para transmitir algo.
- No saber escoger el lugar oportuno.
- La presencia de ruidos y de interferencias.
- No pensar en las personas que están cerca.

Relacionados con el código

- No utilizar el mismo código que la persona con la que se habla o a la que se escucha.
- No adaptar el vocabulario a la situación o a la persona con la que se conversa.
- Utilizar el doble sentido.

3.2. Sugerencias para el mejor funcionamiento de la comunicación

Emisor

- Acostumbrarse a planificar la comunicación.
- Concretar visiblemente los objetivos.
- Buscar la retroalimentación en la comunicación.
- No tratar de impresionar al receptor.

Mensaje

- Que sea claramente entendido por el receptor.
- Que la terminología usada sea de referencia común.
- Que reclame la atención y el interés del alumnado.
- Que sea sencillo de interpretar.

- Que su contenido sea adecuado y convincente.
- Que produzca el máximo efecto posible.

Canal

- Que sea el más apropiado al grupo al que se dirige, al contenido del mensaje y al objetivo que persigue el formador.
- Que sea el que cause mayor impacto en el receptor.
- Que sea el más eficaz.
- Que sea el que mejor domine el formador.

4. La comunicación verbal y no verbal en el proceso instructivo

Los medios de comunicación pueden agruparse en dos grandes bloques: los **medios verbales,** que son aquellos que usan la lengua como código compartido; y los **medios no verbales,** que son los que se fundamentan en otros códigos simbólicos. A su vez, dentro de los medios verbales, están el medio escrito y el medio oral.

Cada uno de estos medios tiene sus ventajas y sus inconvenientes, por lo que la selección del medio deberá tener en cuenta las circunstancias y características que en cada caso presenta el comunicador, la audiencia y el mensaje que se ha de transmitir.

4.1. Los medios verbales

La comunicación verbal

La comunicación verbal se utiliza para comunicar ideas o dar información, opiniones, expresar o describir sentimientos, etc. Sirve de vehículo a los contenidos explícitos del mensaje. Para garantizar la efectividad de la comunicación, es necesario que el mensaje se presente de forma descriptiva y operativa, pero siempre teniendo muy en cuenta el código común del grupo al que va dirigida esta comunicación.

Un uso correcto del lenguaje oral ayuda a acercarse más a los alumnos. Los principales aspectos a considerar son los que aparecen a continuación.

Construcciones gramaticales

El objetivo será transmitir el mensaje de la manera más clara posible. Se deben evitar los giros rebuscados, la sintaxis complicada y las metáforas. En las explicaciones y conversaciones debe primar el contenido sobre la forma.

Vocabulario

Es importante saber qué palabras van a expresar mejor los conceptos que se desean transmitir y las que pueden ser comprendidas mejor por los alumnos. El análisis previo de los alumnos ayuda a saber qué términos técnicos se pueden utilizar sin problemas, cuáles se tienen que explicar y cuáles se deben evitar.

En general, siempre hay que mantenerse dentro de un lenguaje formal, evitando los vocablos demasiado coloquiales, las palabras extranjeras, las referencias académicas y expresiones de carácter religioso, político, deportivo o cultural, que pueden resultar agresivas para los alumnos.

Ejemplos

Los conceptos abstractos que pueden aparecer y que dificultan la adquisición de los contenidos, tienen que ser expresados mediante las explicaciones del formador, siempre apoyándose en la visualización.

La comunicación escrita

La comunicación escrita posee un carácter más veraz que la oral. La interacción que tiene lugar entre el emisor y el receptor no es inmediata, en algunas ocasiones no llega a producirse jamás. Este tipo de comunicación ofrece más oportunidades expresivas y mayor complejidad gramatical, sintáctica y léxica. También hay que tener en cuenta que a veces dificulta la expresión y/o puede no proporcionar *feedback* de manera inmediata.

4.2. Los medios no verbales

Al igual que las palabras, los elementos de la comunicación no verbal son signos que representan una idea (se excluyen todos los signos lingüísticos).

A diferencia de la comunicación verbal, su función no se centra sólo en la transmisión de contenido, sino que traspasa esa frontera para expresar también las emociones del emisor, controlar la interacción y proporcionar *feedback* del efecto que el mensaje produce en el receptor. Todas estas funciones son muy útiles para el formador, tanto en su tarea de transmisor de conocimientos como en la tarea de motivar y dirigir al grupo.

A continuación, se detallan las diferentes categorías en las que se agrupan los elementos de la comunicación no verbal.

Kinesia

Posturas

Una de las primeras cosas que el formador debe transmitir a sus alumnos es confianza y seguridad, lo que puede conseguirse a través de una postura erguida (sin llegar a ser arrogante), de pie, apoyándose sobre los dos pies y manteniendo la cabeza alta.

Esta postura es útil, especialmente durante la presentación del curso, porque ayuda a relajar el cuerpo, a facilitar la respiración y a controlar las muestras de nerviosismo, al tener un buen apoyo en el suelo.

A medida que avanza el curso, se pueden adoptar otras posturas que faciliten el descanso (apoyarse), el acercamiento (echar el cuerpo hacia delante) o que resten protagonismo (sentarse).

Gestos

Los gestos son un buen aliado del formador, excepto cuando éste se siente incómodo o nervioso. Gestos de carácter adaptador, como rascarse o colocarse la ropa, pueden delatar su estado emocional.

La mayoría de los gestos cumplen la función de reforzar el mensaje verbal (ilustradores), aunque existen otros cuya función es regular las intervenciones cuando se dirige una discusión de grupo.

Expresiones faciales

Las expresiones de la cara transmiten las emociones y permiten obtener fácilmente una respuesta del alumno.

Una expresión facial agradable, como una sonrisa no forzada, facilita la creación de un ambiente relajado en el aula. Una sonrisa puede ser muy útil también para romper la tensión que inevitablemente surge en algunas sesiones.

Mirada

La mirada, junto con la postura, es uno de los mejores métodos para transmitir confianza (en momentos de nerviosismo se tiende a apartar la vista) y para captar la atención de los alumnos.

Mientras el formador habla debe mantener la mirada sobre los alumnos la mayor parte del tiempo, mirándolos el tiempo suficiente como para que se sientan atendidos pero no incómodos. También se puede utilizar la mirada durante las discusiones de grupo, con una función reguladora de las distintas intervenciones.

Desplazamientos

Realizar desplazamientos en el aula capta la atención del alumnado, además de facilitar el contacto visual. Hay que procurar que no sean repetitivos o bruscos (pasear cerca de los alumnos), y cambiar de un recurso a otro (ir de la pizarra al retroproyector), etc.

Los recursos no verbales que estudia la Kinesia son:

- Posturas.
- Gestos.
- Expresiones faciales.
- Mirada.
- Desplazamientos.

Estos recursos pueden utilizarse tanto para reforzar lo que se expresa mediante la comunicación verbal como para sustituirlo.

Proxémica

El aspecto de la proxémica que más interesa es la proximidad física entre los individuos, ya que los alumnos pueden sentirse violentos si el formador se aproxima excesivamente a ellos o, por el contrario, verle distante si no se acerca.

Se debe prestar atención a este aspecto, tanto durante las intervenciones como al distribuir el espacio del aula que se va a emplear, evitando siempre que los asientos estén demasiado juntos o demasiado separados.

Paralingüística

Para captar la atención del público, los oradores suelen hacer uso de determinados aspectos como el tono de voz o las pausas, que en algunos casos pueden parecer exagerados.

El formador, aunque emplee el método de la lección magistral, no es un orador y, por tanto, no debe prestar especial atención a estos aspectos, excepto cuando le plantean algún problema, debido a la ansiedad, al cansancio o a un mal estado de salud. Practicar en voz alta y realizar grabaciones durante la fase de preparación puede ayudar a vencer estas dificultades.

Volumen

Aunque el aula sea pequeña, se tiene que realizar el esfuerzo de hablar lo suficientemente alto para que todos los alumnos oigan las explicaciones y, a la vez, transmitir confianza. En general, el volumen se ajustará instintivamente cuando se compruebe dónde se sitúa la persona que se encuentra más alejada.

Entonación

El problema más frecuente, especialmente si se está cansado, es la monotonía, que no contribuye a captar la atención ni a motivar a los alumnos.

El interés que el formador muestre por el tema y una correcta preparación le hará destacar los puntos clave y jugar con la entonación de una forma adecuada a lo largo de toda la exposición.

Pronunciación

Los problemas se presentan especialmente cuando se está nervioso o se habla demasiado rápido. Se debe hacer un esfuerzo por articular todas las palabras de manera limpia y clara, abriendo la boca lo suficiente para pronunciar correctamente las sílabas, consonantes y vocales.

Velocidad

Una velocidad correcta puede ayudar a resolver problemas de pronunciación y de entonación. Se debe hablar a una velocidad normal o algo superior, para facilitar el mantenimiento de la atención. No obstante, si se está nervioso, se puede hablar con mayor lentitud para facilitar la respiración y relajarse. También se debe reducir la velocidad cuando se expliquen conceptos técnicos complejos o cuando se espere alguna respuesta por parte de los alumnos.

Los elementos que trata la Paralingüística son:

- El volumen.
- La entonación.
- La pronunciación.
- La velocidad.

Proyección física

Existen determinados factores que, sin que la persona diga ni haga nada, transmiten información y hacen referencia a la imagen física que esta persona proyecta.

Es fundamental que el formador transmita una imagen positiva para los alumnos. Se debe cuidar el aspecto externo y los artefactos que se usen, como los adornos y prendas de vestir. La manera adecuada de vestir depende de la situación y siempre debe estar en consonancia con lo que cada colectivo de alumnos espera del formador.

EJEMPLO

Sería negativo vestir pieles para impartir un curso cuyo objetivo fuese desarrollar actitudes positivas hacia la protección del medio ambiente.

En cualquier caso, se debe llevar ropa que resulte cómoda, bien cuidada y no demasiado llamativa. A los adornos y al peinado se aplican las mismas reglas que al vestido.

IMPORTANTE

Un objetivo fundamental del formador es dirigir la atención de los alumnos hacia el contenido que está desarrollando, nunca hacia su persona.

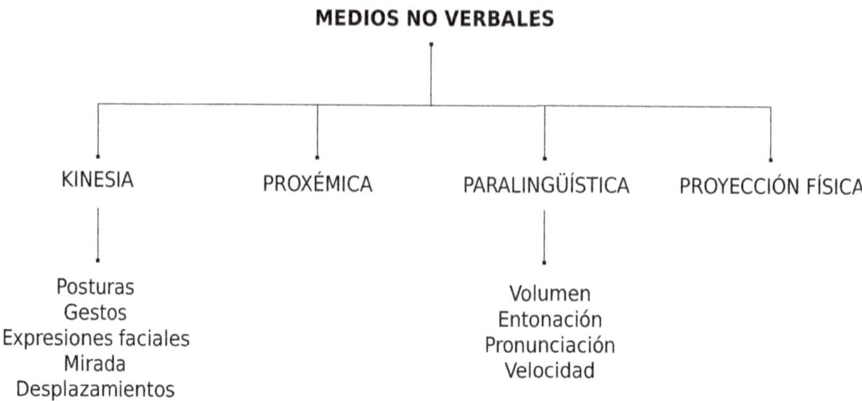

Finalmente, conviene recordar que si el formador observa atentamente la comunicación no verbal que expresan los alumnos, obtendrá una gran cantidad de información.

Hay numerosos signos no verbales que puede mostrar el alumno:

- **Atención:** posturas del cuerpo (inclinado hacia delante, hacia atrás...).
- **Necesidad de hablar:** movimientos sutiles de la boca, de la mano, etc.
- **Irritación:** movimiento de pies, manipulación de objetos sobre la mesa, etc.
- **Concentración:** tomar apuntes, mirar al docente, etc.
- **Cansancio:** cuerpo hundido, suspiros, etc.
- **Inercia:** silencios de todo el grupo, etc.
- **Desinterés:** cerrar el cuaderno, bostezar, mirar al vacío, etc.
- **Sorpresa:** levantar los brazos, abrir la boca, levantar las cejas, abrir los ojos, etc.

Si se observan estos elementos de forma atenta, se podrá obtener información sobre la comprensión del mensaje y el estado emocional de los alumnos, lo que será de gran utilidad para el formador durante el curso.

La comunicación no verbal aporta información al formador sobre los alumnos

5. Técnicas de secuenciación de contenidos

Una vez seleccionados los contenidos, hay que ordenarlos secuencialmente. La **secuenciación y estructuración de los contenidos** es el proceso que permite situarlos en una configuración que produce el máximo aprendizaje en el mínimo tiempo posible.

Algunas de las técnicas para la secuenciación de contenidos son las siguientes:

- Que los contenidos estén de acuerdo con los objetivos propuestos y con los plazos previstos para conseguirlos.
- Empezar por los contenidos más próximos y significativos para el alumno, para llegar poco a poco a lo desconocido. De esta manera, resultará más fácil introducir los nuevos contenidos.
- Ir de lo inmediato a lo remoto.
- Ir de lo concreto a lo abstracto.
- Ir de lo más fácil a lo más difícil. Esto motiva al alumnado porque le va mostrando los avances de manera rápida.

Las principales ventajas que este proceso conlleva son:

- Ayuda al participante a pasar de un conocimiento o habilidad a otro.

- Garantiza que los conocimientos y habilidades previas son alcanzados antes de introducir elementos nuevos.
- Reduce el tiempo de formación.
- Evita la confusión y los fallos en el participante.

Estos puntos son los principales aspectos a tener en cuenta cuando se realiza la presente fase de la programación de la formación, es decir, cuando se fijan los contenidos de la formación.

6. La selección y planificación de estrategias didácticas

Las personas que realizan un curso de formación son diversas, por ello es muy importante que las estrategias didácticas se adapten, de la mejor forma posible, al contexto y permitan una flexibilidad.

Estrategias didácticas
Son procedimientos que el formador emplea para facilitar el aprendizaje, con la intención de que éste sea significativo.

Tras la selección y estructuración de contenidos, llega el momento de decidir la modalidad de formación a seguir y la metodología a utilizar en su impartición. Pero esta decisión no se puede tomar arbitrariamente, sino que ha de basarse en unos criterios. Los criterios de decisión básicos para determinar qué estrategia y qué método de formación es el adecuado, son:

- La compatibilidad con los objetivos.
- Los principios generales del aprendizaje del adulto: individualización, motivación, utilidad, practicidad, intereses, etc.

- Los principios de rigor, realismo y participación.
- El carácter eminentemente aplicativo de los aprendizajes.
- La posibilidad de transferir los aprendizajes al puesto de trabajo.
- Los recursos disponibles, incluido el tiempo.
- Los factores relacionados con los participantes, como el estilo de aprendizaje, la edad, el tamaño del grupo, la motivación, etc.

Una vez escogido el método, se observa que ninguno es químicamente puro, sino que unos participan de otros. Por lo demás, todo método puede ser adecuado o inadecuado dependiendo del modo en que sea empleado.

Los formadores deben utilizar los métodos flexiblemente, de la forma que mejor se adapten al estilo de formación, a la materia y a los alumnos, complementando cada método con la técnica y recurso didáctico más acorde.

7. La selección y planificación de medios y recursos didácticos

Para realizar cualquier acción formativa, hace falta algo más que elegir y aplicar unos métodos y unas técnicas. Son necesarios los medios y recursos didácticos, que van a ayudar a desarrollar la metodología seleccionada en el aula. Los medios y recursos didácticos permiten el trasvase de información formador-alumno.

Medios didácticos
Son materiales elaborados para facilitar los procesos de enseñanza-aprendizaje.

Recursos didácticos
Son soportes mediante los cuales se presentan los contenidos del curso a los alumnos.

A la hora de escoger el medio o recurso a utilizar, se deben tener en cuenta los siguientes criterios:

- **Características de la materia o tema.** Dependiendo de la naturaleza de los contenidos, éstos pueden ser transmitidos por unos u otros métodos.
- **Los objetivos del curso.** Toda selección de medios y estrategias de enseñanza deben realizarse en función de éstos.
- **La disposición del aula y el número de alumnos.** Hay que tener cuidado, sobre todo en la visibilidad de alguno de los recursos, porque pueden perder eficacia.
- **Tiempo disponible para la formación.** Este elemento tiene que estar siempre presente, porque, en función del tiempo que se tenga, se elegirá lo que se adapte mejor a las necesidades.
- **Recursos disponibles,** ya que en algunas ocasiones están a nuestro alcance.
- **El uso que se haga de ellos,** cuál es la finalidad, qué es lo que se pretende y en qué momento se van a utilizar.
- **El nivel de conocimiento de los alumnos** sobre el tema.

Todos estos puntos se han de tener en cuenta a la hora de escoger un medio o recurso didáctico. La finalidad de éstos no es otra que la de fundamentar, apoyar y reforzar el acto formativo.

8. La planificación de la evaluación del proceso de enseñanza-aprendizaje

La aplicación de programas de formación lleva a la obtención de unos determinados resultados. Éstos serán los frutos de la formación y mostrarán el grado de eficacia y eficiencia con que se lleva a cabo la función formativa.

Los resultados indican el éxito de la formación mediante su contraste con los objetivos fijados anteriormente. Este procedimiento recibe el nombre de **evaluación,** proceso ampliamente conocido y con trascendencia reconocida para la formación. Según el proceso de evaluación aplicado, los resultados obtenidos serán reales y fiables, o bien, falseados.

Para que los resultados de la evaluación muestren con certeza el grado de éxito alcanzado con la formación, es necesario un requisito previo: el establecimiento de criterios de evaluación durante el proceso de planificación de la formación. Los criterios actúan como puntos de referencia, a partir de los cuales se valoran los resultados obtenidos.

Los criterios de evaluación han de fijarse con mucha atención, ya que determinan el proceso de evaluación, y éste juzga el grado de éxito de la función formativa.

El primer aspecto a tener en cuenta es la validez: los criterios de evaluación han de ser válidos en relación a los elementos del proceso formativo.

Los aspectos que determinan el grado de validez de los criterios de evaluación son:

- La relevancia.
- La no deficiencia.
- La no contaminación.
- Su fiabilidad.

El establecimiento de criterios válidos y fiables permitirá elaborar un proceso de evaluación de la formación que mida rigurosamente la eficacia y la eficiencia de la función formativa.

9. El seguimiento formativo

El seguimiento es un proceso continuo que sirve para evaluar la eficacia del uso de los recursos y para saber qué iniciativas se pueden emprender para mejorar el aprovechamiento de los recursos formativos.

El seguimiento, además de realizarse después de haber finalizado la planificación formativa, también se realiza antes de la acción.

9.1. Características

El seguimiento formativo permite evaluar los distintos componentes (desde los alumnos hasta todos los elementos que forman la programación) que intervienen en él durante todo el proceso de formación.

El seguimiento formativo se diferencia de la evaluación en que éste tiene que ver más con tareas organizativas, de coordinación, administrativas, etc.; sin embargo, la evaluación valora aspectos de los procesos de formación, como pueden ser la comunicación, el aprendizaje de los nuevos conocimientos, etc.

Con la realización adecuada de un seguimiento formativo:

- Se pueden **descubrir errores o desajustes** en el proceso de enseñanza-aprendizaje antes de que se realice la evaluación final para comprobarlos.
- Se pueden **corregir los errores** en el momento en el que se están produciendo.
- Además, **se detectan los aspectos positivos** que tienen lugar a lo largo de todo el proceso y las **posibles mejoras** que se pueden realizar.

El seguimiento formativo tiene que ser realizado por todas las personas que están implicadas en la realización de los cursos de formación (tutores, coordinadores, técnicos, etc.), por ello, el formador es una figura importante en el proceso de formación, ya que se encuentra implicado en él.

El proceso de formación debe estar planificado, pensado y planteado antes de que empiece la acción de formación, nunca debe llevarse a cabo de manera cerrada, sino que tiene que estar abierto a cualquier cambio que se considere necesario.

9.2. Finalidad

Son varias las finalidades que persigue el seguimiento formativo:

- Ayudar a comprender por qué ocurren algunas cosas y qué se puede hacer para intervenir en ese proceso que se está llevando a cabo.
- Identificar y solucionar los problemas que surgen a lo largo del proceso.
- Contribuir para elaborar planes de formación de manera objetiva, sin desviarse de la finalidad éste.
- Colaborar en la disminución y control del uso de los recursos materiales.
- Determinar el nivel que puede alcanzar el rendimiento y relacionarlo con el rendimiento actual.
- Diagnosticar y detectar problemas para llevar a cabo las acciones correctivas pertinentes.

9.3. Planificación

El seguimiento formativo debe planificarse antes y durante la acción formativa.

El objetivo de este seguimiento es comprobar la eficacia de la acción formativa antes de que ésta llegue a su fin, es decir, es necesario que durante este proceso todos los elementos que van a formar parte del aprendizaje estén planificados.

Los dos momentos que hay que tener en cuenta para planificar el seguimiento formativo son:

- **Antes de la acción formativa:** es necesario conocer las necesidades, el perfil del alumno, qué materiales, instrumentos, recursos, medios didácticos se van a usar.
- **Durante la acción formativa:** aquí el seguimiento se utiliza para comprobar los posibles errores y mejoras que se pueden llevar a cabo. Ofrece la posibilidad de poder modificar aquellas acciones o medios que dificultan el avance del aprendizaje.

10. Instrumentos para el seguimiento

A lo largo de un ciclo formativo pueden suceder errores y surgir problemas, esto abarca desde la identificación de necesidades hasta la planificación, el diseño, la implantación y la evaluación. Por todo esto, es importante saber cuál es la causa del problema y saber tomar las medidas oportunas para que no se origine nuevamente.

Para detectar el origen del problema, siempre se necesita una información determinada, ésta sólo se puede obtener mediante técnicas que ayuden a obtenerlas, es decir, que permitan recabar y analizar los datos obtenidos.

Para el seguimiento del proceso de enseñanza-aprendizaje, se pueden confeccionar diferentes tipos de instrumentos de evaluación, como pueden ser los cuestionarios y utilizar la observación directa, etc., si el tipo de formación lo permite (presencial o semipresencial). Estos instrumentos variarán según el tipo de datos que se quiera conseguir.

Un ejemplo de plantilla para recoger y analizar la información podría ser esta:

CURSO:		**1º Módulo**	**2º Módulo**	**3º Módulo**
Objetivos del módulo	Suficiente			
	Insuficiente			
	Adecuado			
	Inadecuado			
Contenidos del módulo	Suficiente			
	Insuficiente			
	Adecuado			
	Inadecuado			

Continúa en página siguiente >>

<< Viene de página anterior

CURSO:		**1º Módulo**	**2º Módulo**	**3º Módulo**
Metodología	Suficiente			
	Insuficiente			
	Adecuado			
	Inadecuado			
Actividades y recursos	Suficiente			
	Insuficiente			
	Adecuado			
	Inadecuado			
Recursos materiales	Suficiente			
	Insuficiente			
	Adecuado			
	Inadecuado			
Recursos humanos	Suficiente			
	Insuficiente			
	Adecuado			
	Inadecuado			
Proceso de evaluación	Suficiente			
	Insuficiente			
	Adecuado			
	Inadecuado			
Nivel de satisfacción del alumnado	Suficiente			
	Insuficiente			
	Adecuado			
	Inadecuado			

Para el seguimiento del aprendizaje, como la información que se obtiene es de diferente índole, se recogerá mediante la aplicación de las técnicas seleccionadas y elaboradas para la evaluación de cada uno de los aspectos planteados (observación directa de los trabajos, participación, cuestionarios acerca de la motivación y satisfacción del alumnado, etc.).

<< Viene de página anterior

Por ejemplo, los contenidos que se podrían incluir en la "parrilla" de análisis son los siguientes:

CURSO		1er Módulo	2º Módulo	3er Módulo
Conceptos (comprende los contenidos conceptuales)	Con facilidad			
	Con normalidad			
	Con dificultad			
Procedimientos (aplica y desarrolla los contenidos procedimentales)	Con facilidad			
	Con normalidad			
	Con dificultad			
Actitudes (manifiesta las actitudes adecuadas a los contenidos)	Con facilidad			
	Con normalidad			
	Con dificultad			
Motivación y participación	Con facilidad			
	Con normalidad			
	Con dificultad			
Satisfacción del alumno	Con facilidad			
	Con normalidad			
	Con dificultad			

Dos de las herramientas básicas son:

- **Los diagramas de flujo:** éstos sirven para desglosar en forma de componentes, para presentar una clara imagen de lo que ocurre.
- **Los checklists:** éstos son especialmente útiles para garantizar que se han realizado todas las acciones necesarias. Es otro método de ayuda orientado a los formadores y participantes para preparar, utilizar y solucionar los problemas del equipamiento.

Otros métodos de seguimiento y control que pueden ayudar en la formación son:

- Las reuniones formales e informales.
- Pasar un informe de las sesiones, cuestionarios de satisfacción o formularios de evaluación del curso.
- Entrevistas de evaluación.

RECUERDE

Algunos de los instrumentos de seguimiento más utilizados son:

- Cuestionario de satisfacción
- Cuestionario de motivación
- Observación directa
- Reuniones formales e informales
- Entrevistas de evaluación

11. Metodología de la evaluación del diseño de formación

Los métodos empleados en la evaluación siempre suelen son los mismos, independientemente de que se evalúen los objetivos, los contenidos, los recursos, etc. A pesar de esto, hay que tener en cuenta que no se deben utilizar todos los métodos que se van a nombrar, sino que todo dependerá de lo que se esté evaluando.

Los métodos más frecuentes son:

- Observación sistemática.
- Observación mediante observadores externos o internos del grupo.

- Análisis de trabajo.
- Entrevistas personales.
- Situaciones de simulaciones.
- Diálogos, debates.
- Cuestionarios específicos.
- Inventarios.
- Grabaciones en vídeo.
- Etc.

11.1. Evaluación de los objetivos

Cuando se diseña el programa formativo, se deben concretar los objetivos que serán objeto de evaluación al finalizar el curso, para comprobar si éstos se han alcanzado o no.

Los objetivos marcan aquellos aspectos claves que debe adquirir el alumno para alcanzar unas competencias determinadas. Éstos determinarán lo que el alumno será capaz de saber y saber hacer al acabar el curso, en unas condiciones dadas y con unos medios determinados.

Si, al finalizar el curso, se observa que los objetivos no se han cumplido en su totalidad, hay que analizar cuál ha sido la causa de este error y corregirlos. Si se han cumplido los objetivos, habrá que determinar los motivos de éxito, para volver a ponerlos en práctica en futuros cursos.

Los objetivos marcados al inicio de la formación sirven para:

- Dirigir la formación, es decir, saber hacia dónde se quiere llegar con ésta.
- Comprobar qué se ha logrado.
- Facilitar la evaluación, ya que se sabe cuáles son los objetivos que hay que evaluar.
- Reorientar la formación en el mismo momento que se está realizando.
- Elegir los métodos más adecuados para la formación.

La evaluación de los objetivos debe medirse atendiendo a:

- **Objetivos generales:** son utilizados para saber cuáles son las competencias generales.
- **Objetivos específicos:** parten de los objetivos generales.
- **Objetivos operativos:** son derivados de los específicos. Son objetivos más concretos y siempre deben estar relacionados con actividades u operaciones determinadas. Son los más fáciles de medir.

EJEMPLO

Objetivos específicos para evaluar un curso de primeros auxilios:

- Aprender los conceptos básicos y generales de los primeros auxilios.
- Adquirir las habilidades y aplicar los principios de actuación para poder reaccionar adecuadamente en situaciones de urgencia.
- Conocer los aspectos jurídicos relacionados.

11.2. Evaluación de los contenidos

La evaluación de los contenidos se realizará para comprobar si los objetivos que se habían marcado al principio de la formación se han logrado, así como para eliminar aquellos contenidos que no aportan nada al curso.

Se debe tener siempre en cuenta que se puede lograr un mismo objetivo de formación utilizando diversos contenidos.

Para evaluar los contenidos, hay que comprobar si se ha seguido una secuencia lógica a la hora de impartirlos. Esta secuencia permite que los contenidos sean adquiridos por los alumnos de una manera más significativa, es decir, facilita el aprendizaje de los mismos.

Para que la evaluación de los contenidos resulte positiva, éstos deben ir expuestos:

- De acuerdo con los objetivos propuestos y con los plazos previstos para conseguirlos.
- De lo conocido a lo desconocido.
- De lo inmediato a lo remoto.
- De lo concreto a lo abstracto.
- De lo fácil a lo difícil.

Otro aspecto a tener en cuenta para que la evaluación de los contenidos sea positiva, es que éstos se deben estructurar adecuadamente, por ejemplo, mediante módulos, unidades didácticas, etc. Éstas tienen que abarcar los conocimientos, las habilidades y las actitudes que capacitan al alumno para poner en práctica las funciones que desempeñará en su puesto de trabajo. Por lo general, se pueden constituir equivalencias entre objetivos generales y cursos, objetivos específicos y módulos, unidades didácticas, etc. así como entre objetivos operativos y sesión formativa,.

EJEMPLO

Siguiendo el ejemplo anterior de primeros auxilios, los contenidos que se evaluarán para comprobar si se han logrado o no los objetivos anteriormente propuestos, son:

- Primeros auxilios: conceptos generales.
- Soporte vital básico (reanimación cardio-pulmonar)-adultos.
- Soporte vital básico-niños.
- Soporte vital instrumental.
- Traumatismos osteoarticulares. Inmovilizaciones (vendajes y férulas improvisadas).
- Movilización de urgencia y posiciones de espera.
- Traumatismos craneales y vertebro-medulares.
- Otras situaciones de emergencia.

11.3. Evaluación de la metodología

La evaluación de la metodología consiste en comprobar que los métodos que se han utilizado son los adecuados para lograr los objetivos formativos, aunque éstos deben ser flexibles a la hora de utilizarlos, ya que deben adaptarse a la materia tratada, a los alumnos, a los recursos disponibles, etc.

Para conseguir que la evaluación de la metodología sea positiva, se deben tener en cuenta las características que se emplean para definir un método. Éstas pueden ser:

- Presentar y mostrar la problemática del tema para que, a través de la reflexión y el esfuerzo, el alumno pueda resolverla.
- Respetar tanto la libertad de expresión como de creación.
- Las actividades que están destinadas al alumno tienen que ser dirigidas por el formador para que el alumno reflexione y participe.
- Motivar al alumno, relacionando los temas con sus intereses, motivaciones y necesidades.
- Organizar los nuevos aprendizajes para que se integren con los ya adquiridos.
- Tener en cuenta las limitaciones y las posibilidades que tiene cada alumno.
- Dar lugar a la acción individualizada a través de tareas que requieran planteamientos y acciones individualizadas.

11.4. Evaluación de actividades y recursos

Las **actividades** son unos elementos que acompañan a los contenidos formativos, ya que éstas refuerzan los contenidos que son expuestos por el formador. Siempre debe existir coordinación entre ambos, para esto se deben seleccionar adecuadamente tanto los métodos como las técnicas.

Para evaluar las diversas actividades que se han desarrollado, hay que formular una serie de preguntas para saber si las actividades han sido eficaces o han fallado en su ejecución. Algunas de estas preguntas pueden ser:

- ¿Qué ha hecho el alumno?
- ¿Ha sabido aplicar los conocimientos necesarios para lograr resolver las actividades?
- ¿Valora y comprende la finalidad de la actividad?
- ¿Ha mostrado interés en la realización de la misma?
- ¿Qué ha aprendido?
- ¿Han sido válidas las actividades?
- ¿Cuáles han fallado? ¿Por qué?
- ¿Se han alcanzado los objetivos?
- Etc.

Junto con las actividades, los recursos también tienen que ser evaluados, ya que de ellos va a depender en cierta manera la eficacia de las actividades. Por eso, en la evaluación de los recursos hay que tener en cuenta la eficacia de aquellos que se han utilizado y cuáles son los que se hubieran necesitado para desarrollar el curso.

Se pueden distinguir varios criterios para evaluar la eficacia de los recursos:

- Su calidad, porque actúa como mediador entre la realidad y la estructura cognitiva del alumno.
- El contexto metodológico, ya que todo va a depender de la metodología usada por el formador.
- Los propios alumnos, sus motivaciones, intereses, etc.
- La experiencia del formador en el manejo de los diversos recursos, sus habilidades, etc.

También es necesario tener en cuenta qué evaluar de los recursos:

- La rentabilidad de éstos.
- El aprovechamiento para distintas finalidades.
- El mantenimiento.
- La actualización, deben adaptarse a las nuevas tecnologías.
- La adecuación al proceso de enseñanza-aprendizaje.
- Posibilitar la acción, estimular y responder a las curiosidades presentes en el alumnado.

11.5. Evaluación del formador

La figura del formador es muy importante a lo largo de todo el proceso formativo, ya que, en cierta manera, el éxito o el fracaso de la formación recae sobre él, por lo tanto, es imprescindible conocer previamente a la persona que va a impartir un curso.

El formador es el mediador entre los contenidos y los alumnos, por lo que debe evaluarse de forma continua y a lo largo de todo el proceso de enseñanza-aprendizaje, así como al final del proceso, momento en que se comprobará si los métodos y estrategias que ha diseñado y utilizado han sido los adecuados, introduciendo posibles modificaciones para las prácticas futuras.

La evaluación del formador se puede realizar desde varias vertientes, en cada una de ellas se evalúan aspectos diferentes, pero todas persiguen el mismo fin, que es fomentar la calidad de la formación.

Evaluación realizada por los alumnos

Los alumnos pueden evaluar aspectos como la relación del formador con los alumnos, la organización de las sesiones, el control de clase, la efectividad de la enseñanza, etc.

En la siguiente tabla se muestra un cuestionario a modo de ejemplo:

Marque la opción que más se adecúe a las características que prevalecieron a lo largo del curso
1. Las oportunidades que tuve para realizar preguntas en clase fueron: a. Frecuentes b. Regulares c. Escasas d. Muy escasas

Continúa en página siguiente >>

<< Viene de página anterior

Marque la opción que más se adecúe a las características que prevalecieron a lo largo del curso

2. El interés que mostró el formador respecto a los alumnos fue:
    a. Satisfactorio
    b. Regular
    c. Poco
    d. Muy pobre

3. El clima existente en el aula fue:
    a. Bueno
    b. Regular
    c. Tenso
    d. Malo

4. En la prueba final se evaluaban los contenidos dados a lo largo del curso:
    a. Sí
    b. No

5. El material presentado en el curso fue:
    a. Original
    b. Poco original
    c. Nada original

6. Las actividades que realicé para asimilar los contenidos fueron:
    a. Útiles
    b. Regulares
    c. Pobres
    d. Inútiles

7. El contenido marcado para el curso se expuso en su totalidad:
    a. Sí
    b. No

8. El grupo de alumnos afectó a mi aprendizaje:
    a. De manera positiva
    b. De manera negativa
    c. No me afectó

9. El material audiovisual me pareció:
    a. Atractivo
    b. Regular
    c. Inadecuado

Continúa en página siguiente >>

<< Viene de página anterior

Marque la opción que más se adecúe a las características que prevalecieron a lo largo del curso
10. Los procesos, problemas y soluciones experimentados en el trabajo en grupo fueron: a. Bien planteados b. Regular planteados c. Mal planteados
11. Las exposiciones por parte del docente me parecieron: a. Buenas b. Regulares c. Malas
12. La actuación del profesor durante el curso evidenció: a. Un elevado conocimiento de la materia b. Un mediano conocimiento c. Un escaso conocimiento
13. El profesor supo controlar las conductas perturbadoras sucedidas a lo largo del curso de forma: a. Eficaz b. Regular c. Ineficaz
14. El ritmo que siguió el profesor al exponer los contenidos me pareció: a. Muy bueno b. Satisfactorio c. Monótono
15. La secuencia de presentación de los contenidos del curso fue: a. Lógica b. Regular c. Arbitraria
16. La actuación del profesor despertó interés y motivación: a. Muchas veces b. Algunas veces c. Pocas veces d. Ninguna vez

Evaluación realizada por el propio formador

En esta evaluación, el formador va a evaluar la preparación del curso, el desarrollo del mismo, y también realizará una evaluación propia de su actuación como formador.

En la siguiente tabla se muestra un cuestionario a modo de ejemplo:

Marque la opción que más se adecúe a las características que prevalecieron a lo largo del curso

A. PREPARACIÓN DEL CURSO

1. ¿Cómo ha sido el tiempo con el que ha contado?
   a. Suficiente
   b. Insuficiente

   ¿Por qué? ____________________

2. ¿Cómo considera la distribución de las sesiones del curso?
   a. Adecuadas
   b. Inadecuadas

   ¿Por qué? ____________________

3. ¿Ha dispuesto de las guías didácticas del curso?
   a. Sí
   b. No

   ¿Por qué? ____________________

4. ¿Ha dispuesto de los recursos necesarios para la preparación de sus sesiones?
   a. Sí
   b. No

   ¿Cuáles le han hecho falta? ____________________

5. Teniendo en cuenta su nivel de formación, ¿ha necesitado apoyo por parte de la dirección del curso?
   a. Sí
   b. No

   ¿Cómo ha sido el apoyo? ____________________

Continúa en página siguiente >>

<< Viene de página anterior

Marque la opción que más se adecúe a las características que prevalecieron a lo largo del curso

B. DESARROLLO DEL CURSO

6. ¿El desarrollo de las sesiones (distribución y tiempo) se ha correspondido con la planificación prevista?
    a. Sí
    b. No

7. ¿La metodología utilizada para el desarrollo de las sesiones ha propiciado la participación e implicación del alumnado?
    a. Sí
    b. No

    ¿Por qué? ____________________

8. ¿Considera que el clima del curso ha sido el adecuado?
    a. Sí
    b. No

    ¿Por qué? ____________________

9. ¿El contexto donde se ha desarrollado el curso ha sido adecuado y oportuno?
    a. Sí
    b. No

    ¿Por qué? ____________________

10. ¿Ha conseguido los objetivos propuestos?
    a. Sí
    b. No

    ¿Por qué? ____________________

C. AUTOEVALUACIÓN

11. Evalúe de 1 a 4 los siguientes apartados relacionados con su intervención como formador, donde:
    1. Considero imprescindible mejorar mi formación en este aspecto.
    2. Considero necesario mejorar mi formación en este aspecto.
    3. Cuento con recursos necesarios para el desarrollo ajustado del curso, pero podría encontrar dificultades si éste cambia el rumbo prefijado.
    4. Mi formación al respecto es adecuada y dispongo de recursos suficientes para el desarrollo óptimo del curso.

Continúa en página siguiente >>

<< Viene de página anterior

Marque la opción que más se adecúe a las características que prevalecieron a lo largo del curso

	1	2	3	4
Dominio de los contenidos				
Metodología/didáctica empleada				
Comunicación con el alumnado				
Trabajo en equipo				

D. AMPLIACIÓN

Puede anotar a continuación cualquier aportación que desee realizar y no haya sido considerada en este cuestionario.

____

____

11.6. Tipos de evaluación

Existen diferentes tipos de evaluación, cada una se aplicará atendiendo a diferentes criterios.

Según su finalidad o función de la evaluación

Diagnóstica

Esta evaluación, como su nombre indica, tiene un carácter diagnóstico, ya que permite que se conozcan las potencialidades del alumno. De esta manera, la actividad didáctica se dirige de forma más efectiva.

Formativa

Se utiliza como estrategia para mejorar y ajustar los procesos formativos en el momento que se están llevando a cabo, para alcanzar las metas y los objetivos marcados. La evaluación formativa es aplicable a la evaluación de procesos.

Sumativa

Se aplica a la evaluación de productos terminados, es decir, se sitúa concretamente cuando finaliza un proceso, cuando éste se considera acabado. Su propósito es determinar el grado en que se han conseguido los objetivos establecidos, para evaluar de forma positiva o negativa el resultado. Esta evaluación permite tomar medidas tanto a medio como a largo plazo.

Según el momento de aplicación de la evaluación

Inicial

Se produce al principio del proceso de enseñanza-aprendizaje. La función que tiene la evaluación inicial es identificar el nivel de conocimientos que tienen los alumnos que inician un curso y, de esta manera, comprobar si los alumnos cuentan con los conocimientos necesarios para comenzarlo, y determinar si es posible impartirlo de acuerdo al programa formativo o si se requiere alguna modificación.

Procesual

La evaluación procesual se basa en valorar, de forma continua, el aprendizaje de los alumnos y la enseñanza del profesor, a través de la recogida sistemática de datos, toma de decisiones, etc.

La evaluación procesual es totalmente formativa, ya que, al favorecer la recogida continua de datos, permite tomar decisiones en el mismo momento que se considere necesario.

Los resultados que se obtienen forman la base permanente para el formador a la hora de programar las actividades diarias, así como para establecer las actividades y los procedimientos más apropiados. De esta manera, se evitan las dificultades que se puedan producir en los aprendizajes que se están llevando a cabo. La finalidad de todo esto es evitar errores y vacíos en los aprendizajes posteriores.

Final

La evaluación final es aquella que se realiza al finalizar la formación, por lo tanto ésta recoge y valora los resultados obtenidos a lo largo de un periodo formativo.

Según su extensión

Global

Tiene en cuenta todos los elementos y procesos que guardan relación con todo lo que es objeto de evaluación. Por ejemplo, si se trata de evaluar el proceso de aprendizaje de los alumnos, esta evaluación se centra en todas las áreas en general, pero sobre todo en los diversos tipos de contenidos de enseñanza (conceptos, procedimientos, valores, normas, etc.).

Parcial

Esta evaluación no se realiza de manera global, sino que se lleva a cabo por partes, es decir, evalúa los componentes que más interesan.

Según los agentes que realizan la evaluación

Autoevaluación o evaluación interna

Es el proceso sistemático mediante el cual una persona o grupo examina y valora sus procedimientos, comportamientos y resultados, para identificar qué quiere corregir o modificar en él. La evaluación interna muestra que los alumnos están más motivados a la hora de realizar una tarea difícil. La puesta en práctica de la autoevaluación no conlleva que el profesorado abandone sus funciones, sino que implica una concepción diferente de la enseñanza.

La autoevaluación ofrece al estudiante ayuda para descubrir sus necesidades, cantidad y calidad de su aprendizaje, causas de sus problemas, dificultades y éxitos en el estudio. De esta manera, el alumno puede conocerse de manera más concreta.

Heteroevaluación o evaluación externa

La evaluación externa es realizada o llevada a cabo por otra persona que no es el protagonista del aprendizaje. En esta evaluación, lo más frecuente es que el profesor evalúe al alumno.

TIPOS DE EVALUACIÓN	
Según su finalidad o función	- Diagnóstica - Formativa - Sumativa
Según su momento de aplicación	- Inicial - Procesual - Final
Según su extensión	- Global - Parcial
Según los agentes que la realizan	- Autoevaluación o evaluación interna - Heteroevaluación o evaluación externa

Bloque 2

Solucionarios de ejercicios de repaso y autoevaluación

Contenido

1. Gestión de la atención al cliente / consumidor
2. Técnicas de información y atención al cliente / consumidor
3. Gestión de quejas y reclamaciones en materia de consumo
4. Sistemas de información y bases de datos en consumo
5. Documentación e informes en consumo
6. Inglés profesional para actividades comerciales

Solucionario 1

Gestión de la atención al cliente/consumidor

Ejercicios de autoevaluación Unidad de Aprendizaje 1

1. Identifica cuáles de los siguientes aspectos de la atención al cliente se dan después de la venta.

a. Servicios de gestión y apoyo.
b. Sustitución del producto.
c. Trazabilidad del producto.
d. Garantía.

2. ¿En qué se centra el servicio a clientes distribuidores?

El servicio a este tipo de clientes se centra en:

- Pedidos.
- Entregas.
- Pago a crédito.
- Reclamaciones, quejas y devoluciones.
- Información técnica.
- Piezas de reparación.

3. Indica cuáles son los principales servicios prestados por los *call centers*.

Los principales servicios prestados por un *call center* son:

- *Telemarketing:* lanzamiento de nuevos productos, relanzamiento de productos ya existentes, desarrollo de las relaciones más rentables, etc.
- Televenta: promociones, adquisición de bienes, etc.
- Encuestas y elaboración de bases de datos.
- Toma de pedidos.
- Ayuda social en catástrofes humanitarias.
- Información y consulta de horarios, productos, etc.
- Reservas en hoteles, billetes, etc.
- Soporte técnico.
- Emergencias y asistencia en línea.
- Servicio posventa.
- Etc.

4. Determina si las siguientes afirmaciones son verdaderas o falsas.

a. La estructura organizativa formal analiza las relaciones que existen entre las personas de la organización.

- Verdadero
- **Falso**

b. La estructura que analiza las relaciones entre los distintos elementos organizativos, buscando el logro de los objetivos empresariales, es la estructura organizativa formal.

- **Verdadero**
- Falso

c. Las estructuras organizativas informales pueden ser representadas por un organigrama.

- Verdadero
- **Falso**

5. ¿Cómo se denomina el tipo de departamentalización consistente en agrupar las actividades semejantes según su función principal?

a. Departamentalización funcional.
b. Departamentalización por productos.
c. Departamentalización por turnos.
d. Departamentalización por procesos.

6. Identifica cuáles de las siguientes afirmaciones son correctas respecto al *marketing* transaccional.

a. Está orientado al corto plazo.
b. Tiene como objetivo atraer y fidelizar clientes.
c. Es un tipo de *marketing* orientado al cliente.
d. Hace poco énfasis en el servicio al cliente.

7. **Ordena las etapas del *marketing* relacional.**

    8. Crear comunidad de usuarios
    7. Desarrollar
    1. Identificar
    6. Fidelizar
    2. Informar y atraer
    3. Vender
    5. Satisfacer
    4. Servir

8. **Identifica si las siguientes afirmaciones son verdaderas o falsas.**

    a. Las expectativas del cliente son el valor que el cliente considera que ha logrado tras la adquisición de un producto o servicio.

    - Verdadero
    - **Falso**

    b. La insatisfacción se origina si el valor percibido por el producto no alcanza las expectativas del cliente.

    - **Verdadero**
    - Falso

9. **Según la pirámide de Maslow, ¿en qué categoría se engloban las necesidades de autorreconocimiento, respeto, prestigio y destacar dentro de un grupo social?**

    a. Autorrealización
    b. Necesidades de estima
    c. Necesidades sociales
    d. Necesidades de seguridad

10. **Ordena los pasos a seguir para la realización de un cuestionario.**

    3. El orden de las preguntas.
    2. La formulación de preguntas.
    5. La prueba piloto.
    1. La información que habrá de ser obtenida.
    4. La forma del cuestionario.

11. Identifica si las siguientes afirmaciones son verdaderas o falsas.

a. Los datos secundarios son aquellos que la empresa había obtenido en estudios anteriores, es información que existe y se recolectó para otro propósito.

- **Verdadero**
- Falso

b. Según la naturaleza de la información, se pueden distinguir las fuentes de información internas y externas.

- Verdadero
- **Falso**

Ejercicios de autoevaluación Unidad de Aprendizaje 2

1. **Cita y describe los elementos que integran un sistema de gestión de la calidad.**

   El Sistema de Gestión de la Calidad (SGC) es un conjunto de actividades empresariales, planificadas y controladas que se realizan sobre una serie de elementos para lograr la calidad. Entre los elementos que conforman este sistema se encuentran los siguientes:

   - Estructura organizacional: es la forma en que la empresa organiza a su plantilla según unas funciones y tareas, concretando así el papel que cada uno desempeña en la misma. Es decir, sería el organigrama que establece la empresa para alcanzar sus objetivos.
   - Planificación: supone las actividades que permiten a la empresa diseñar un plan para alcanzar los objetivos que se ha planteado.
   - Recursos: constituyen todo aquello que será necesario para poder conseguir materializar los objetivos de la organización (personas, equipos, infraestructura, dinero, etc.).
   - Procesos: son aquellos conjuntos de actividades que convierten elementos de entradas en productos o servicios. Todas las organizaciones desarrollan procesos, aunque no siempre están identificados.
   - Procedimientos: se definen como el conjunto de pasos que se precisan para poder transformar los elementos de entradas del proceso en productos o servicios.

2. **Identifica cuáles son los componentes básicos que presentan las normas ISO 9000.**

   a. Administración, producción y control de calidad.
   b. Aseguramiento de la calidad, administración y ventas.
   c. Administración, aseguramiento de la calidad y sistema de calidad.
   d. Sistema de calidad, control de costes y administración.

3. Determina cuáles de los siguientes beneficios de un sistema de gestión de la calidad se consideran internos.

a. Mayor conocimiento de la calidad.
b. Es una ventaja competitiva.
c. Se mejora la satisfacción del cliente.
d. Mejora la comunicación.

4. Determina si las siguientes afirmaciones son verdaderas o falsas.

a. Conservar a un cliente satisfecho es competencia exclusiva del Departamento de *Marketing.*

- Verdadero
- **Falso**

b. La calidad de los servicios se traduce en la mente del cliente como el rendimiento percibido.

- **Verdadero**
- Falso

5. ¿Cómo se denomina la situación en la que el desempeño percibido supera las expectativas del cliente?

a. Insatisfacción
b. Satisfacción
c. Complacencia
d. Superación de expectativas

6. Describe cuáles son las etapas del proceso de evaluación de la calidad de una empresa.

La evaluación de la calidad puede llevarse a cabo a través de un proceso que consta de tres etapas claramente diferenciadas:

- Evaluación interna: la propia empresa es quien evalúa su calidad. Un comité de autoevaluación del área que se vaya a analizar elabora un informe donde se destacan los puntos fuertes y débiles, y el plan de mejora.

- Evaluación externa: un comité formado por expertos externos revisa el informe de autoevaluación y también analiza la calidad por sí mismo; de esta forma, se evalúa la calidad y, en función de esto, se aportan sugerencias y recomendaciones. Este comité elabora el informe de evaluación externa.
- Plan de mejoras: tras recibir el informe externo, el comité de autoevaluación lo somete a una fase de audiencia pública para recoger sugerencias y posteriormente redactar el plan de mejoras definitivo, considerando su informe de autoevaluación, el informe externo y las sugerencias recibidas.

7. Determina si las siguientes afirmaciones son verdaderas o falsas.

a. El criterio de auditoría son las políticas y procedimientos con los que el auditor contrasta la información recopilada sobre la gestión de la calidad.

- **Verdadero**
- Falso

b. La evidencia de auditoría es la información que se obtiene sobre la empresa cuya calidad está siendo evaluada.

- **Verdadero**
- Falso

8. Identifica cuáles de las siguientes auditorías se encuentran englobadas por las auditorías del sistema.

a. Auditoría de la evolución de la calidad del producto.
b. Auditoría del producto.
c. Auditoría sobre la organización.
d. Auditoría del sistema documental.

Ejercicios de autoevaluación Unidad de Aprendizaje 3

1. Indica quién tiene las competencias sobre el comercio interior en España.

- **a. El Estado**
- **b. Las comunidades autónomas**
- **c. La legislación europea**
- d. Las mancomunidades

2. El tipo de comercio en el que los fabricantes venden a un intermediario y no directamente al consumidor final se denomina:

- a. Comercio de proximidad
- b. Comercio minorista
- **c. Comercio mayorista**
- d. Comercio asociado

3. Determina si las siguientes afirmaciones son verdaderas o falsas.

a. Una cooperativa de consumo se compone de personas individuales asociadas para comprar y vender sus productos y servicios en beneficio de sus miembros.

- **Verdadero**
- Falso

b. El comercio asociado se da cuando una misma empresa incluye las funciones de mayorista y minorista.

- Verdadero
- **Falso**

4. Explica cuáles son las ventajas e inconvenientes que ha tenido la irrupción de los servicios de la información y el comercio electrónico en la actividad comercial.

La irrupción de los servicios de la información y del comercio electrónico ha tenido un notable impacto en la actividad comercial, dado que ofrece muchas ventajas, aunque al mismo tiempo presentan también algunos inconvenientes.

- Ventajas:
  - Mejora de la eficiencia empresarial.
  - Incremento de las posibilidades de elección de los usuarios.
  - Aparición de nuevas fuentes de empleo.
- Inconvenientes:
  - Elemento discriminatorio para todos aquellos que no disponen de él.
  - Vacío legal en algunos aspectos.

5. El prestador que ejerce de manera efectiva una actividad económica a través de una instalación estable y por un período de tiempo indeterminado se denomina:

a. Prestador de servicios de intermediación.
b. Prestador de servicios establecido.
c. Prestador de servicios itinerante.
d. Prestador de servicios de la sociedad de la información.

6. Determina si las siguientes afirmaciones son verdaderas o falsas.

a. El secreto del éxito en las grandes superficies radica en su amplia oferta y en su política de precios bajos.

- **Verdadero**
- Falso

b. Las ventajas competitivas más significativas que poseen los pequeños comercios frente a los grandes son el servicio y la atención personalizada.

- **Verdadero**
- Falso

7. Identifica cuáles de las siguientes son vías externas de reclamación.

a. Arbitraje.
b. Resolución alternativa de conciliación.
c. Vía judicial.
d. Departamento de atención al cliente.

8. Relaciona las siguientes sanciones según corresponda.

a. Sanciones muy graves.
b. Sanciones graves.
c. Sanciones leves.

b. Envío masivo de comunicaciones comerciales.
c. No facilitar al cliente la revocación de su consentimiento para recibir comunicaciones comerciales.
a. Suspender el alojamiento de datos.

Solucionario 2

Técnicas de información y atención al cliente/ consumidor

Ejercicios de autoevaluación Unidad de Aprendizaje 1

1. **En los siguientes casos, identifica cuál es una queja y cuál una reclamación.**

    a. Un cliente pide que le cambien la plancha que ha comprado por otra nueva que funcione bien.
    b. El cliente de un restaurante le dice al camarero que la sopa estaba un poco fría.
    c. En un centro comercial, una de las clientas le dice al chico que hay en el mostrador de atención al cliente que el baño estaba sucio.
    d. El comprador de un coche va al concesionario para denunciar que los frenos del vehículo estaban en mal estado y que estuvo a punto de tener un accidente.

    b, c. Quejas
    a, d. Reclamaciones

2. **En el hotel Bahía Azul, Ana, la recepcionista, recibe una llamada de una de las agencias de viaje que colaboran con el establecimiento. Le dicen a Ana que el próximo mes se alojarán en el hotel un grupo de 90 japoneses durante una semana.**

    Asocia cada acción informativa realizada por Ana con la fase del proceso de tratamiento y gestión de información correspondiente.

    a. Ana le dice a Pablo, el jefe de recepción, que llegará el grupo de 90 japoneses.
    b. Ana archiva los documentos que le han mandado de la agencia de viajes, con la información relativa a todos los clientes japoneses.
    c. Llaman al hotel Bahía Azul, diciendo que se alojará allí un grupo de 90 japoneses.
    d. La recepcionista, Ana, anota en la base de datos de reservas todos los datos relativos al grupo: n.º huéspedes, n.º habitaciones, nombres, fecha de estancia, etc.
    e. Ana redacta toda la información.

c. Recogida de información.
e. Elaboración de la información.
d. Registro de información.
b. Comunicación de la información.
a. Almacenamiento de la información.

3. Determina cuáles de las siguientes afirmaciones son verdaderas o falsas.

a. No importa el momento en el que se registre la información para que esta esté controlada.

- Verdadero
- **Falso**

b. La información primaria es aquella que se obtiene dentro de la empresa.

- Verdadero
- **Falso**

c. Los datos secundarios son los que mejor se adaptan al propósito de la investigación y los que menor coste tienen.

- Verdadero
- **Falso**

4. Relaciona los siguientes elementos:

a. Registros
b. Campos
c. Tablas
d. Lenguaje SQL

c. Conjunto de datos interrelacionados entre sí.
d. Permite especificar diversos tipos de operaciones y también permite hacer cambios y efectuar consultas con el fin de recuperar información.
a. Corresponden a las filas.
b. Corresponden a las columnas.

5. De las siguientes oraciones, indica cuáles son verdaderas o falsas.

a. En el ámbito de la protección de datos, la información sobre la orientación sexual se incluye en la categoría de datos básicos.

- Verdadero
- **Falso**

b. Los mecanismos de recogida y análisis de los datos personales se encuentran en constante evolución.

- **Verdadero**
- Falso

c. En ocasiones, el ciudadano no tendrá derecho a controlar sus datos personales.

- Verdadero
- **Falso**

6. Julia, la encargada de la tienda de complementos Miss Accesories, debe realizar varios informes. Relaciona los siguientes tipos de informe que realiza según su contenido:

a. Informe que evalúa la actitud de los empleados a su cargo con el público.
b. Informe en el que se expone el *stock* sobrante en el comercio.
c. Informe en el que se proponen diferentes alternativas para aumentar las ventas de una empresa.

c. Informe resolutivo
a. Informe valorativo
b. Informe expositivo

7. Identifica qué información no es necesaria para realizar una reclamación.

a. Causas que motivan la reclamación.
b. Lugar, fecha y firma de la reclamación.
c. Datos fiscales del reclamante.
d. Identificación de la póliza, recibo o factura.

8. Determina cuál de los siguientes instrumentos se utiliza de forma general para hacer copias de seguridad.

a. El lápiz de memoria
b. El DVD
c. Las cintas magnéticas
d. El disco duro

9. ¿Cuál es el mejor sistema para almacenar planos o mapas?

a. El archivo vertical
b. El CD-ROM
c. El archivo lateral
d. El archivo horizontal

10. El derecho que impide la difusión de información personal falsa o irrelevante a través de internet, se denomina:

a. Derecho al olvido
b. Derecho de oposición
c. Derecho de escisión
d. Derecho de rectificación

11. Determina cuáles de las siguientes afirmaciones son verdaderas o falsas.

a. A la hora de realizar un informe, en primer lugar, se acotará y determinará el tema que se va a tratar.

- **Verdadero**
- Falso

b. Para recopilar la información de un informe deberán utilizarse siempre datos primarios.

- Verdadero
- Falso

c. A la hora de redactar un informe se debe utilizar un vocabulario amplio y técnico para darle valor.

   - Verdadero
   - **Falso**

12. Cita los aspectos generales que deben tenerse en cuenta en el contacto personal con un cliente que presenta una queja.

El personal en contacto con el cliente y, en especial, el encargado del tratamiento de reclamaciones, ha de conocer y enfatizar ciertos aspectos generales en el contacto personal con el cliente que presenta sus quejas:

- Mantener la calma y escuchar al cliente.
- Mostrar interés e investigar sus causas.
- Facilitar las vías de reclamación (interna) y tratar de solucionar el problema.
- Pedir disculpas.
- Despedida y agradecimiento.
- Gestión de la queja o reclamación

Ejercicios de autoevaluación Unidad de Aprendizaje 2

1. **¿Cómo se denomina la comunicación que se dirige desde los niveles subordinados hacia la dirección?**

    a. Comunicación relacional
    b. Comunicación descendente
    c. Comunicación ascendente
    d. Comunicación lateral

2. **Relaciona cada uno de los elementos de la comunicación humana con su definición.**

    a. Emisor
    b. Canal
    c. Código
    d. Situación

    b. Es el medio por el cual se transmite la información.
    a. Es la persona que elige y selecciona los signos adecuados para transmitir el mensaje.
    c. Conjunto de reglas propias de cada sistema de signos y símbolos que el emisor utiliza para transmitir el mensaje.
    d. Tiempo y lugar en que se realiza el acto comunicativo.

3. **Determina cuáles de las siguientes afirmaciones son verdaderas o falsas.**

    a. La empatía es la capacidad de recibir y comprender las vivencias de otras personas, especialmente los estados de ánimo.

    - **Verdadero**
    - Falso

    b. La comunicación interpersonal es la que se produce en el interior de la persona, el diálogo de uno consigo mismo.

    - Verdadero
    - **Falso**

c. La comunicación intermedia se produce cuando se comunican dos individuos que se encuentran próximos entre sí.

- Verdadero
- **Falso**

4. ¿Cuál es el rol más adecuado para manejar información?

a. León
b. Lechuza
c. Perro
d. Hipopótamo

5. Identifica cuál de las siguientes barreras de la comunicación se considera ambiental.

a. Excesiva rapidez hablando.
b. Prejuicios relacionados con la edad.
c. Uso incorrecto de los diferentes registros lingüísticos.
d. Distracciones visuales.

6. Ordena las fases de una presentación.

e. Expresar gratitud por haber conocido al interlocutor.
c. Decir alguna cualidad que nos identifique.
d. Entrega de una tarjeta de contacto.
a. Saludo.
b. Indicar nuestro nombre y apellidos.

7. ¿Cómo se denominan los gestos que se producen durante la comunicación verbal y que sirven para ilustrar lo que se está diciendo?

a. Gestos ilustrativos
b. Gestos patógrafos
c. Gestos emblemáticos
d. Gestos de adaptación

8. Identifica con qué tipo de conducta se relaciona la siguiente frase: "Exagera para demostrar su superioridad, voz autoritaria y postura rígida".

a. Conducta asertiva
b. Conducta pasiva
c. Conducta autoritaria
d. Conducta agresiva

9. Explica en qué consiste la técnica asertiva denominada *el banco de niebla.*

Esta técnica consiste en no negar, contrarrestar o defenderse de las críticas que se reciben. Se puede reconocer cualquier verdad contenida en la crítica que recibimos o reconocer la posibilidad de la verdad de la crítica, pero sin necesidad de pedir perdón, humillarnos o justificarnos por ello. Con esta técnica se da, de cierta manera, la razón al interlocutor y, aparentemente, se está cediendo. Sin embargo, el otro terminará por enterarse que tampoco se cambiará de opinión.

10. Identifica cómo debe hablarse a una persona de carácter alegre.

a. El vendedor debe reflejar el mismo estado de ánimo.
b. Si considera que la persona permanece anormalmente silenciosa o se muestra reacia a responder, hágale una pregunta abierta y escuche atentamente su contestación.
c. El único modo de tratar con personas de este talante es escuchar, a la espera de oír algo que le dé pie a decir lo que le interesa.
d. Tomaremos una determinación que nos interese y le diremos que, en su momento, ya se cambiarían las cosas, si es necesario.

11. Cita los elementos principales que componen una carta.

Para escribir una carta correctamente hay que seguir una serie de pasos e incluir unos elementos mínimos; estos son:

- Despedida
- Cuerpo de la carta
- Destinatario
- Fecha y lugar
- Membrete

Solucionario 2

actividades

Actividad 1

Jesús es empresario y su asesor le ha comunicado que necesita trabajar con una base de datos que le permita gestionar de forma adecuada su negocio. Este empresario no ha trabajado nunca con una base de datos y no conoce cuál es su función. Determina cuál es la función principal de una base de datos:

a. **Además de almacenar información, deben contar con mecanismos para su clasificación que permitan recuperarla en el momento requerido.**
b. **Su única función es almacenar fichas de clientes.**
c. **Digitalizar toda la información relativa a la empresa.**
d. **Facilitar todas las operaciones que se realizan en la empresa y en el entorno empresarial.**

SOLUCIÓN

La información es fundamental para la toma de decisiones en la empresa y para gestionarla de forma eficaz. Las organizaciones necesitan contar con bases de datos que, además de almacenar información, deben contar con mecanismos para su clasificación que permitan recuperarla en el momento oportuno.

En las bases de datos solo se debe almacenar información relevante para la empresa, de esta forma se asegurará la rápida recuperación de la información en el momento oportuno.

Actividad 2

Identifica cuáles son los aspectos principales a los que hace referencia la protección de datos en la LOPDGDD y la LSSI:

a. **Según la LSSI las empresas están obligadas a informar a sus clientes sobre las responsabilidades que tienen si utilizan Internet con fines ilícitos.**
b. **Las empresas que realizan actividades económicas por Internet y que se encuentran en el ámbito de aplicación de la LSSI pueden disponer y tratar los datos personales de los usuarios libremente, sin requerir su consentimiento expreso.**

c. **La LOPDGDD y el RGPD indican que el responsable tiene el deber de informar al interesado sobre determinados aspectos en el tratamiento de sus datos y los medios por los que puede ejercer los derechos en materia de protección de datos.**

SOLUCIÓN

En base a la LOPDGDD, los datos personales de los usuarios solo podrán ser tratados por los responsables del tratamiento cuando estos hayan prestado su consentimiento expreso para ello; salvo determinados casos regulados por la normativa de protección de datos.

El deber de información que recoge tanto la LOPDGDD como la LSSI obliga al responsable, entre otras cuestiones, a informar a los usuarios sobre las responsabilidades que tienen si utilizan internet con fines ilícitos; sobre quién trata sus datos, la finalidad y su base jurídica; sobre los medios que tienen a su alcance para ejercer los derechos atribuidos por la normativa de protección de datos.

Los datos de los usuarios se catalogan en tres categorías. Los datos básicos hacen referencia a datos identificativos (DNI, estado civil, etc.); los de categoría especial incluyen datos tales como religión, información de salud, datos biométricos, etc.; y la tercera categoría hace referencia a los datos relativos a condenas e infracciones penales.

Solucionario 3

Gestión de quejas y reclamaciones en materia de consumo

Solucionario Capítulo 1

1. **De las siguientes frases, indique cuál es verdadera o falsa.**

   a. La Ley Orgánica 15/1999, de 13 de diciembre, de Protección de Datos de Carácter Personal, es la base legal en España de la protección de los datos de personas físicas poseídos por las empresas.

      ☑ **Verdadero**
      ☐ Falso

   b. Se entiende por confidencialidad el derecho de las empresas a no hacer uso particular y de gestión propia de la información de sus clientes.

      ☐ Verdadero
      ☑ **Falso**

   c. Si una demanda judicial es inferior a 2.000 €, se puede realizar sin abogado ni procurador.

      ☑ **Verdadero**
      ☐ Falso

   d. El primer paso que debe realizar el consumidor para intentar solucionar un conflicto relacionado con su consumo es la resolución amistosa directamente con la empresa que le ofrece el producto o servicio.

      ☑ **Verdadero**
      ☐ Falso

2. **Complete las siguientes oraciones.**

   a. Las Hojas de Reclamaciones se conforman de **tres** impresos autocalcables, de tres colores diferentes según su **destino.**
   b. La copia Verde en la Hoja de Reclamaciones es para **el consumidor reclamante.**
   c. La copia **rosa** es el ejemplar que se queda el establecimiento reclamado.
   d. La copia de la Hoja de Reclamaciones que se destina a la Administración es de color **blanco.**

3. **Una reclamación en materia de consumo debe contener:**

    a. Identificación del consumidor.
    b. Identificación de la empresa.
    c. Exposición de los hechos y resolución solicitada.
    d. Todas las opciones son correctas.

4. **AECOSAN son las iniciales de:**

    a. Asociación Española de Cooperación Seguridad y Nutrición.
    b. Agencia Española de Consumo Seguridad Alimentaria y Nutrición.
    c. Asociación Española de Consumidores y Usuarios de Alimentación.
    d. Agencia Europea de Consumo Sanidad Alimentaria y Nutrición.

5. **Según su origen los procedimientos de protección al consumidor pueden ser:**

    a. Externo y directo al consumidor.
    b. Externo e Interno al consumidor.
    c. Directo o Indirecto al consumidor.
    d. Todas las opciones son incorrectas.

6. **Respecto a las competencias atribuidas a las comunidades autónomas en materia de consumo...**

    a. ... no tienen poder legislativo.
    b. ... varían de unas comunidades a otras.
    c. ... todas tienen las mismas competencias.
    d. ... dependen de las normativas elaboradas por los organismos municipales.

7. **El Centro de Investigación y Control de la Calidad:**

    a. Es la máxima autoridad de la AECOSAN.
    b. Es un órgano encargado de la Protección de datos en las empresas públicas.
    c. Es un centro adscrito a la AECOSAN.
    d. Es la máxima autoridad en materia sanitaria en todo el territorio nacional.

8. **¿Qué es una Junta Arbitral?**

    Las juntas arbitrales son órganos administrativos que se encargan de gestionar el arbitraje, y están compuestas por un presidente y un secretario. Se encargan del trámite de las solicitudes de arbitraje entre consumidores y empresarios.

9. Indique tres competencias del Estado en materia de consumo.

1. Elaboración del Reglamento General de la Ley, la reglamentación técnico-sanitaria, los reglamentos sobre etiquetado, imagen e información externa del producto, la ordenación sobre aditivos y las demás disposiciones de general aplicación en todo el territorio español.
2. Promocionar y en los casos que proceda, subvencionar las asociaciones de consumidores y usuarios.
3. Facilitar la actuación de las autoridades y corporaciones locales y de las comunidades autónomas y demás administraciones públicas.
4. Ejecutar las sanciones procedentes de acuerdo a sus normas reguladoras.
5. Adoptar cuantas medidas sean necesarias para el debido cumplimiento de lo establecido en la Ley.

10. ¿Cuál es la misión de una OMIC?

Su misión básica es la orientación en base a la legislación existente respecto a reclamaciones de los consumidores.

11. Indique los 10 principios de la Unión Europea en materia de consumo.

1. Compre lo que quiera, donde quiera.
2. Si no funciona, ¡devuélvalo!
3. Normas estrictas de seguridad alimentaria y relativas a otros bienes de consumo.
4. ¿Sabemos lo que comemos?
5. Los consumidores merecen todo el respeto, también en los contratos de venta
6. Cambiar de opinión, también está permitido.
7. Busque y compare... el mejor precio.
8. Practiquemos el juego limpio con los consumidores.
9. Vacaciones y protección de derechos.
10. Indemnizaciones efectivas en caso de litigios transfronterizos.

12. Indique tres deberes de los ciudadanos como consumidores.

1. Efectuar las compras de productos y el consumo de servicios bajo la regulación que establece el código de comercio, es decir, de acuerdo al marco legal establecido (facturas, documentos de pago, declaración fiscal si procede, etc.).
2. Ejercer las actuaciones de compra en base a la libertad de elección en base a la información disponible y clara sobre los productos o servicios adquiridos.

3. En caso de mediar contrato, leer y comprender adecuadamente todas y cada una de las partes que lo componen.
4. Exigir siempre comprobante de compra: factura o tickets.
5. Ejercer transparencia en el procedimiento de pago, de manera que quede reflejado legalmente en su totalidad.
6. Ejercer el consumo razonado de un determinado producto o servicio, es decir, recabar información sobre las distintas alternativas que ofrece el mercado para cubrir esa necesidad.
7. Exigir la garantía legalmente establecida (dos años para productos nuevos como norma general) así como materializar su cometido en el caso de ser necesaria.
8. Manipular y conservar el producto adquirido en las condiciones marcadas por el fabricante.

13. Identifique las relaciones existentes entre cada concepto de una columna con uno de la segunda.

a. Consumidor
b. Junta Arbitral
c. Tribunal de Justicia
d. Confidencialidad

a. Usuario
b. Abogado
c. Información
d. Laudo

14. Complete el siguiente formulario de Hoja de Reclamaciones.

HOJA DE RECLAMACIÓN

<table>
<tr><td rowspan="3">Datos del Reclamante</td><td>Nombre</td><td></td></tr>
<tr><td>Dirección</td><td></td></tr>
<tr><td>DNI</td><td></td></tr>
<tr><td rowspan="3">Datos de la Empresa Reclamada</td><td>Nombre</td><td></td></tr>
<tr><td>Dirección</td><td></td></tr>
<tr><td>DNI/CIF</td><td></td></tr>
<tr><td colspan="3">Exposición de los Hechos</td></tr>
<tr><td colspan="3">Resolución solicitada</td></tr>
</table>

15. Encuentre en la sopa de letras siguientes los conceptos que dan sentido a los siguientes enunciados.

1. Acción por la cual el cliente manifiesta su disconformidad con una transacción comercial realizada: **reclamación.**
2. No es necesario cuando lo reclamado en el Tribunal de Justicia no alcanza los 2.000 €: **abogado.**
3. Resolución de un conflicto de consumo conseguida en el primer paso establecido: **amistosa.**
4. Tras el intento de solución **amistosa** entre las partes, se pasa a la mediación, cuyo resultado no es de obligatorio cumplimiento para las partes.
5. Objeto de la confidencialidad por parte de las empresas: **datos.**

U	S	U	A	R	I	O	S	N	**A**	L	P
A	O	R	R	R	E	C	I	E	**B**	T	R
M	A	M	B	U	O	M	I	C	**O**	B	O
I	N	R	I	H	S	A	I	V	**G**	E	T
S	M	O	T	T	I	Z	**D**	C	**A**	O	E
T	H	N	R	E	A	C	**A**	I	**D**	O	C
O	E	O	A	N	N	E	**T**	F	**O**	A	C
S	V	E	L	A	U	D	**O**	A	I	E	I
A	Z	T	I	O	R	M	**S**	C	I	J	O
W	R	D	**M**	**E**	**D**	**I**	**A**	**C**	**I**	**O**	**N**
R	**E**	**C**	**L**	**A**	**M**	**A**	**C**	**I**	**O**	**N**	A

Solucionario Capítulo 2

1. **De las siguientes frases, indique cuál es verdadera o falsa.**

   a. Existe un plazo de presentación de reclamaciones común a todos los sectores y todo el territorio nacional.

      ☐ Verdadero
      ☑ **Falso**

      Tienen competencias las CC. AA. y existen diferencias según el sector.

   b. Las asociaciones de consumidores pueden mediar entre reclamante y reclamado.

      ☑ **Verdadero**
      ☐ Falso

   c. Las Oficinas Municipales de Información al Consumidor pueden emitir Laudos.

      ☐ Verdadero
      ☑ **Falso**

      Los Laudos parten de las Juntas Arbitrales.

   d. El Manual de procedimientos no incluye aspectos relacionados con los consumidores y usuarios de la entidad.

      ☐ Verdadero
      ☑ **Falso**

      Lo hace en muchas facetas, la más importante es la relacionada con las actividades del Departamento de Atención al Cliente.

2. **Complete la siguiente tabla relacionada con el proceso de gestión de la reclamación.**

Comunicación
Recepción
Trazabilidad
Reconocimiento
Evaluación Inicial
Investigación
Respuesta
Comunicación
Cierre
Contribución a la mejora

3. **Rellene los huecos para que la frase tenga sentido.**

   a. La fase en la que la reclamación se hace llegar a las partes implicadas en la misma es la **trazabilidad.**
   b. La comunicación de la decisión se puede llevar a cabo: bien por **correo** o **de forma presencial.**
   c. La **atención personal** se refiere al trato personalizado y directo con la persona crea un **valor añadido** a la función de atención al cliente.
   d. Cuando se procede al archivo y clasificación de la reclamación, hablamos de la fase de **cierre.**

4. **¿Cuáles de las siguientes entidades desempeñan funciones de mediación entre consumidor y empresa?**

   a. OMIC
   b. Junta Arbitral
   c. Asociaciones de Consumidores
   d. Todas las opciones son correctas.

5. **Una de las Leyes Base de regulación del procedimiento administrativo es:**

   a. Ley 4/1989, de 13 de enero, de modificación de la Ley 30/1992, de 26 de noviembre, de Régimen Jurídico de las Administraciones Públicas y del Procedimiento Administrativo Común.
   b. Ley 14/1992, de 13 de noviembre, de Régimen Jurídico de las Administraciones Públicas y del Procedimiento Administrativo Común.
   c. Ley 39/2015, de 1 de octubre, del Procedimiento Administrativo Común de las Administraciones Públicas.
   d. Las opciones a y c son correctas.

6. **Determina si la siguiente oración es verdadera o falsa:**

   La Ley 39/2015, de 1 de octubre, del Procedimiento Administrativo Común de las Administraciones Públicas es una norma indefinida que no podrá ser derogada hasta el año 2025.

   ☐ Verdadero
   ☑ **Falso**

7. **El silencio administrativo puede ser...**

   a. ... tácito o expreso.
   b. ... positivo o negativo.
   c. ... supuesto o tácito.
   d. Todas las opciones son incorrectas.

8. **Una multa de Hacienda por haber aplicado una deducción inadecuada es:**

   a. Publicación.
   b. Acto supuesto
   c. Notificación individual.
   d. Todas las opciones son correctas.

9. **Un procedimiento especial puede ser...**

   a. ... sancionador.
   b. ... extrajudicial.
   c. ... de responsabilidad patrimonial.
   d. Las opciones a y c son correctas.

10. Indique las tres grandes líneas sobre las que se asientan las funciones más habituales del Departamento de Atención al Cliente.

1. Relativas a los clientes y operaciones comerciales realizadas con ellos, es decir, emisión de facturas, pedidos y seguimiento de los mismos.
2. Relacionados con los clientes potenciales, son las actividades relacionadas con la atención a clientes que solicitan información sobre empresa o productos ofrecidos, así como las labores de Marketing enfocadas a ellos. Se incluyen en este grupo acciones de captación y fidelización del cliente.
3. Relacionadas con gestión de quejas y reclamaciones, son las funciones que se relacionan con la tramitación y resolución con una queja de un cliente materializada verbalmente o a través del procedimiento legal escrito.

11. Señale las cuatro fases de la parte interna de la Reclamación sin terceros.

1. Comunicación al responsable del área o departamentos afectados: de manera que se dé a conocer a las personas afectadas el conflicto planteado.
2. Trazabilidad: para la tramitación interna de la reclamación se ha de seguir la estructura jerárquica de la empresa, es decir, hacer partícipe a niveles superiores de mando (subdirección y dirección), participación que será mas amplia cuanto mayor sea la gravedad de la reclamación.
3. Instrucciones de resolución: a través de reuniones y planteamientos de las personas implicadas en conjunción con la cadena de mando, se ha de establecer un protocolo de solución para el problema.
4. Instrucciones de comunicación: de igual manera que se sube en la escala de mando empresarial para dar a conocer la reclamación, se ha de seguir un protocolo de actuación para la comunicación de la resolución al cliente final en el que se le muestren las soluciones que le plantea la empresa.

12. Enumere tres características de las acciones llevadas a cabo por el Departamento de Atención al Cliente.

1. Atención personal: el trato personalizado y directo con la persona crea un valor añadido a la función de atención al cliente. La atención personal no exige el cara a cara de las partes implicadas, sino que se concreta en la comunicación directa al cliente bajo sus circunstancias personales.
2. Confianza: tener el favor y credibilidad de la persona cliente hace que el valor de las acciones realizadas se maximice. Esta confianza se crea, consolida y amplia con la efectividad y eficacia de acciones anteriores realizadas entre otros aspectos.

3. Competencia del trabajador: el grado de conocimiento e información sobre los temas tratados con el cliente hacen las funciones desarrolladas con los mismos más fructíferas y eficaces.
4. Oportunidad: las funciones desarrolladas en la atención al cliente, han de estar muy estructuradas en el tiempo en el que corresponda para su efectividad, es decir, cada función debe ser llevada a cabo en el momento oportuno.
5. Información: para empezar a dialogar con el consumidor, se ha de poseer una información lo más completa posible respecto al hecho planteado. De no disponerse, es necesario escuchar y comprender detenidamente al cliente.

13. Defina la Ficha de Cliente e indique sus partes.

Es un documento físico o electrónico que permite introducir la información necesaria para las gestiones a realizar con el cliente. Respecto a la información que contiene, no existe obligación legal de formato, pero en la práctica se identifican: datos personales, datos económicos, códigos internos, otros datos y el membrete de la LOPD.

14. Relacione cada concepto de una columna con otro de la siguiente para que las cuatro parejas tengan relación.

a. Departamento
b. Hoja
c. Junta
d. Asociación

a. Atención al Cliente
c. Arbitral
d. Consumidores
b. Reclamaciones

15. Averigüe los conceptos de las siguientes definiciones.

1. Supone la expresión formal de una insatisfacción de un cliente hacia el producto o servicio recibido por la empresa. **Reclamación.**
2. Parte de la mediación que supuestamente ha visto vulnerados sus derechos. **Consumidor.**
3. Unión, se dice de la Arbitral. **Junta.**
4. Se dice del sistema extrajudicial que intermedia entre consumidor y empresa y es de obligatorio cumplimiento para ambos. **Arbitral.**
5. "Sentencia" emitida por la Junta Arbitral. **Laudo.**

				1 R									
				E									
				2 C	O	N	S	U	M	I	D	O	R
				L									
3 J	U	N	T	A									
				M									
				4 A	R	B	I	T	R	A	L		
				C									
				I									
5 L	A	U	D	O									
				N									

Solucionario Capítulo 3

1. **Indique si son verdaderas o falsas las siguientes cuestiones.**

   a. La mediación se puede realizar siempre por un tercero neutral entre dos partes en conflicto por temas relacionados con el consumo.

      ☐ Verdadero
      ☑ **Falso**
      Una de las partes ha de ser empresa o profesional que comercializa.

   b. La Junta Arbitral Nacional, está adscrita al Instituto Nacional del Consumo, que es el órgano superior a nivel español y del que dependen el resto de Juntas Arbitrales.

      ☑ **Verdadero**
      ☐ Falso

   c. Un laudo se emite por Unanimidad cuando todos los miembros del Colegio comparten la misma propuesta de solución del conflicto planteado.

      ☑ **Verdadero**
      ☐ Falso

2. **Complete las frases donde corresponda para que toda la oración tenga sentido.**

   a. La premisa europea en materia de mediación como resolución de conflictos en el consumo es la **Directiva 2008/52/CE, del Parlamento Europeo de 21 de mayo de 2008.**
   b. **Las Juntas Arbitrales territoriales** son las que cobran presencia en ámbitos más reducidos geográficamente para dar cobertura arbitral a las empresas y consumidores.
   c. Un laudo se emite con **el voto dirimente del Presidente:** cuando los miembros de la Junta Arbitral no llegan a un mismo criterio, ni se llega tampoco a un acuerdo por mayoría, el voto del Presidente será el que decida el Laudo final.

3. **La mediación, o el acto de mediar, están basados en**

   a. ... el ejercicio de la democracia y la paz social
   b. ... la comunicación basada en el respeto y la educación
   c. ... el civismo.
   d. Todas las opciones son correctas.

4. **Las Juntas Arbitrales de Consumo están integradas por...**

   a. ... un presidente y un secretario.
   b. ... tres árbitros solamente.
   c. ... un juez, dos árbitros y un vocal, designado de entre los árbitros.
   d. ... un presidente y dos vocales sin derecho a voto.

5. **El rasgo diferenciador del árbitro respecto al mediador es:**

   a. Que posee autoridad sobre el cumplimiento de su voluntad o decisión para ambas partes.
   b. Que carece de autoridad sobre el cumplimiento de su voluntad o decisión para ambas partes.
   c. Su carácter objetivo e imparcial que hace que en la resolución no interfieran aspectos discriminadores.
   d. Ambas figuras tienen los mismos rasgos diferenciadores.

6. **Una de las funciones del secretario arbitral es:**

   a. Promocionar la Junta Arbitral en el marco territorial.
   b. Realizar estadísticas y archivo de reclamaciones arbitrales.
   c. Velar por el cumplimiento de las decisiones que adopten los órganos arbitrales en el ejercicio de su función.
   d. Las opciones a y c son correctas.

7. **Los laudos pueden ser de dos tipos:**

   a. Directos o indirectos.
   b. Conciliatorio o arbitrales.
   c. Subjetivos e imparciales.
   d. De pleno derecho o judiciales.

8. La normativa a nivel estatal que regula el arbitraje es:

a. No existe normativa estatal, cada comunidad autónoma tiene la suya.
b. El Real Decreto 713/2024, de 23 de julio, por el que se aprueba el Reglamento que regula el Sistema Arbitral de Consumo.
c. El Real Decreto 231/2008 de 15 de febrero, por el que se regula el Sistema Arbitral de Consumo.
d. Todas las opciones son incorrectas.

9. Indique las partes implicadas en la mediación.

- Consumidor o Usuario: es la parte que realiza voluntariamente la acción de adquisición de un producto o servicio.
- Entidad productora: es la posición que realiza la venta del producto o la prestación del servicio.

10. Señale 3 requisitos de la mediación en materia de consumo y explíquelos.

- Autorización del tercero: debe existir voluntariedad del consumidor hacia la mediación de este tercero.
- Acceso a los datos: para que exista mediación, debe evaluarse la situación, para eso es necesario que se faciliten los datos.
- Voluntad de las partes: en tanto que ambas partes acepten la concurrencia de la mediación, puesto que si una de ellas se niega, no ha lugar tal circunstancia.
- Legalidad: la mediación se asocia a una transacción que debe estar sujeta a los parámetros que marca la Constitución Española, el Código Mercantil y el marco normativo específico que afecte la misma.
- Objetividad: Debe darse interpretación clara y contundente de los hechos, sin que haya componentes interpretados ni supuestos.
- Imparcialidad: la figura del mediador, debe estar concebida bajo la seña de la imparcialidad, por lo que se excluye cualquier relación que pudiera darse con alguna de las partes.

11. ¿Qué es Arbitraje de Consumo Colectivo?

Es el proceso el cual tiene por objeto la resolución en un único procedimiento arbitral un hecho que haya podido dañar a varios consumidores y usuarios.

Estos pueden estar representados en el Sistema Arbitral por una sola entidad (Asociación de Consumidores y Usuarios) pero bajo la defensa común de cada uno de los consumidores afectados por el hecho que ha llevado al conflicto.

12. Comente razonadamente dos competencias de la Comisión de Juntas Arbitrales de consumo.

- Asistencia de las Juntas Arbitrales en la resolución de los recursos que planteen las partes sobre la admisión o inadmisión a trámite de una solicitud de arbitraje.
- Emisión de informes técnicos, dictámenes o recomendaciones que sirvan de apoyo a los árbitros en el ejercicio de sus funciones.
- Realización del informe sobre la admisión de ofertas públicas de adhesión al Sistema Arbitral de Consumo.
- Confección del informe preceptivo y no vinculante en el procedimiento de retirada de la acreditación como árbitro del Sistema Arbitral de Consumo.

13. Relacione cada concepto de la primera columna con otro de la siguiente, para que las cuatro relaciones tengan sentido.

a. Arbitro
b. Laudo
c. Arbitral
d. Acta

b. Resolución
d. Escrito
a. Mediador
c. Conciliador

14. Tache las fichas que no correspondan con los elementos que ha de contener una oferta de adhesión al sistema arbitral por parte de una empresa.

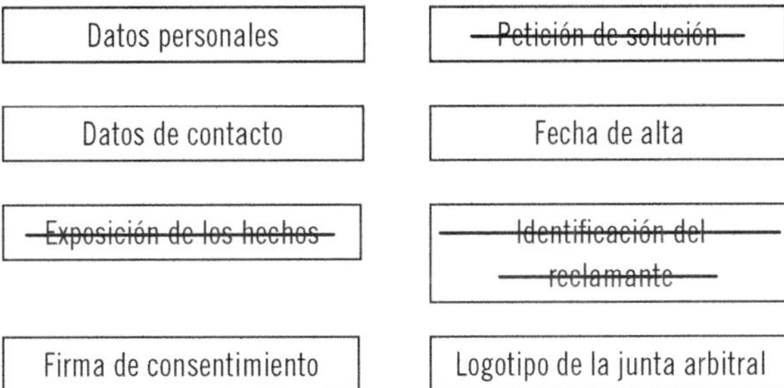

15. Sopa de letras. Encuentre los términos que dan sentido a los siguientes enunciados.

1. Junta Arbitral de la que dependen las territoriales. **Nacional.**
2. Sistema regulado en el Real Decreto 713/2024, de 23 de julio. **Arbitral.**
3. Documento que inicia el arbitraje. **Solicitud.**
4. Similar a la sentencia, finaliza el arbitraje. **Laudo.**
5. Intervención entre las partes para resolución de un conflicto de manera amistosa y sin obligaciones legales para ambas. **Mediación.**
6. Se dice del tipo de medidas que tienen por objeto asegurar a las partes del conflicto la tutela judicial efectiva. **Cautelares.**
7. Posibilidad de adhesión a la Junta Arbitral. **Oferta.**
8. Hecho que supone una solución amistosa establecida por acuerdo mutuo entre las partes. **Conciliación.**
9. Se dice de la característica de la mediación y arbitraje que supone que el encargado de la resolución del conflicto no presente favor o predisposición por alguna de las partes. **Imparcial.**

A	O	N	A	C	I	O	N	A	L	O	M
R	C	A	U	T	E	L	A	R	E	S	E
B	Z	J	O	U	R	F	H	Y	M	N	D
I	S	O	L	I	C	I	T	U	D	I	I
T	M	E	L	L	I	S	O	C	I	O	A
R	H	N	O	P	N	I	F	I	E	O	C
A	R	E	P	O	C	S	E	I	N	N	I
L	A	U	D	O	S	T	R	O	T	I	O
D	Z	O	I	R	A	E	T	E	E	N	N
C	O	N	C	I	L	I	A	C	I	O	N
I	M	P	A	R	C	I	A	L	S	A	A

Solucionario Capítulo 4

1. **Complete los siguientes enunciados para que tengan sentido según los conocimientos aprendidos.**

   - La imposibilidad de acceso al lenguaje corporal es uno de los inconvenientes de la **comunicación telefónica.**
   - La posibilidad de que existan interferencias que distorsionen la comunicación se denomina **ruido.**
   - La **autoridad** se manifiesta en el poder de un individuo o grupo de individuos para modificar comportamientos de sus cohabitantes.

2. **Señale si son Verdaderas o Falsas las siguientes afirmaciones.**

   a. El clima, en el contexto social y antropológico se refiere al ambiente sensorial que se crea entre los grupos de individuos.

      ☑ **Verdadero**
      ☐ Falso

   b. La situación se define como el contexto que contiene la acción, en ella se dan una serie de elementos físicos y humanos que determinan las características del entorno que afecta al hecho.

      ☑ **Verdadero**
      ☐ Falso

   c. Solamente la experiencia condiciona la percepción de una determinada situación.

      ☐ Verdadero
      ☑ **Falso**
      Es solo uno de los factores que la condicionan.

3. **¿Quién es el destinatario de la información en la comunicación?**

   a. Emisor
   b. Receptor
   c. Remitente
   d. Consumidor

4. **¿Cuáles son las condiciones de la Teoría de la argumentación?**

    a. Propiedad y dirección.
    b. Propiedad y legitimidad.
    c. Legitimidad y dirección.
    d. Todas las opciones son incorrectas.

5. **El lenguaje del mensaje se contempla dentro del...**

    a. ... código.
    b. ... emisor.
    c. ... receptor.
    d. ... canal.

6. **En las técnicas de comunicación...**

    a. ... existe una técnica maestra para la resolución de conflictos.
    b. ... no afectan a la negociación y sí a la resolución.
    c. ... son estándares rígidos de procedimiento.
    d. ... se ha de adaptar el argumento de la negociación para asegurar el entendimiento del receptor.

7. **Seleccione el momento y lugar para la negociación para que la situación favorezca el desarrollo de la misma, se refiere a:**

    a. Idoneidad
    b. Legitimidad
    c. Oportunidad
    d. Todas las opciones son incorrectas.

8. **Cada individuo interpreta una determinada sensación de manera subjetiva.**

    a. Percepción
    b. Sensación
    c. Motivación
    d. Todas las opciones son correctas.

9. **La relación que se establece solamente entre las partes A y B de un conflicto se denomina:**

    a. Mediación
    b. Directa

c. Arbitraje
d. Indirecta

10. Indique semejanzas entre queja y consulta en materia de consumo.

En ambos casos se trata de procesos de comunicación que intercambian información entre consumidores y usuarios y profesionales y empresas.

11. Defina Consulta.

Se define consulta como la acción de comunicación que se establece entre consumidores y usuarios, tanto potenciales como efectivos, y la entidad productora de bienes y servicios en la cual se pretende obtener información sobre aspectos relativos a la compra.

12. Indique lo que entiende por Denuncia.

El hecho de manifestar un malestar sobre una relación entre dos partes, donde una manifiesta un comportamiento ilegal, que es detectado por la otra que inicia la tramitación.

13. Indique tres variables que intervienen en una determinada situación.

- Lugar donde se da la acción: espacio concreto donde se lleva a cabo la acción de comunicación.
- Número de receptores del mensaje: para que exista comunicación debe existir receptores, al menos uno, del mensaje a comunicar.
- Ruido existente para la comunicación: la situación también se define por el ruido que haya en el contexto de la comunicación, así, cuando dos personas intentan hablar en un pub donde la música y el murmullo de la gente es elevado, no se pueden entender.
- Conocimiento del código empleado: la situación también condiciona la eficiencia de comunicación en cuanto al código empleado. No es lo mismo, por ejemplo, dar una conferencia sobre Química Inorgánica en la Facultad de Química que en un Hogar del pensionista.
- Motivación de los receptores potenciales para escuchar el código: un aspecto muy estudiado en Publicidad es como dar al mensaje el punto motivador para que el receptor potencial se interese por él y le preste mayor atención.

- Otras actividades que se desarrollan simultáneamente en la ubicación determinada para la acción. Por ejemplo, no es lo mismo ir vendiendo agua fresca por la orilla de la playa, donde todo el mundo está tomando el sol y bañándose, que ir a vender esa agua a la puerta de un supermercado donde la gente sale de comprar.
- Momento: dadas las variables anteriores, la situación puede cambiar mucho en función del momento en el que se dé. Por ejemplo, la afluencia de personas en un Centro comercial un sábado por la tarde no es la misma que un lunes por la mañana.

14. Relacione cada término de la primera columna con otro la segunda, para que todos los enlaces tengan sentido.

a. Emisor
b. Técnicas
c. Lenguaje
d. Interferencia

a. Corporal
b. Comunicación
d. Ruido
c. Receptor

15. Complete la siguiente figura relacionada con los aspectos que influyen en el clima de la comunicación.

Solucionario Capítulo 5

1. **Complete los huecos.**

   - El Nacimiento del debate es la parte más importante de la fase de desarrollo del proceso de negociación.
   - La definición de la estrategia plasma el comportamiento de defensa de la posición establecida, el talante empleado y los objetivos intermedios perseguidos.
   - Los objetivos de la negociación se encuadran en la fase de preparación del proceso de negociación.

2. **Indique si son verdaderas o falsas cada una de las siguientes cuestiones.**

   a. El Departamento de Calidad es el encargado de conocer el funcionamiento de todos los departamentos y establecer una serie de procedimientos de trabajo de los mismos.

      ☑ **Verdadero**
      ☐ Falso

   b. Los clientes activos son aquellos sobre los que no se conoce actividad en un horizonte temporal a medio plazo en dirección al pasado.

      ☐ Verdadero
      ☑ **Falso**
      Son los inactivos.

   c. La Durabilidad es un objetivo del cliente relativo a la vida útil del bien adquirido y relacionado con el periodo de tiempo que va a poseer su plena capacidad de funcionamiento.

      ☑ **Verdadero**
      ☐ Falso

3. **Los clientes que alcanzan grandes volúmenes de facturación son:**

   a. Grandes Cuentas.
   b. Clientes habituales.
   c. Clientes activos.
   d. Clientes potenciales.

4. **Los clientes sobre los que se tiene información comercial pero no han comprado en la empresa se consideran...**

   a. ... clientes inactivos.
   b. ... clientes potenciales.
   c. ... clientes irreales.
   d. ... clientes base.

5. **El ahorro es un objetivo de clientes asociado a...**

   a. ... la eficacia.
   b. ... la rentabilidad.
   c. ... la casualidad.
   d. ... la eficiencia.

6. **Las negociaciones donde predomina una actitud más flexible y conciliadora, son las conocidas como...**

   a. ... negociaciones flexibles.
   b. ... negociaciones colaborativas.
   c. ... negociaciones competitivas.
   d. Todas las opciones son incorrectas.

7. **La negociación que se basa en varias variables, se considera...**

   a. ... negociación simple.
   b. ... negociación de mercado.
   c. ... negociación compleja.
   d. Todas las opciones son correctas.

8. **Defina Negociaciones Competitivas.**

   Son negociaciones donde se establece una posición de las partes basada en su carácter duro y poco transigente donde lo que importa es conseguir la meta que plantea su posición perseverando en la misma hasta llegar al límite de la amenaza.

9. **Indique los tipos de clientes según la relación de los clientes con la empresa.**

   - Clientes efectivos: son aquellos clientes que han realizado compras en la empresa.

- Clientes potenciales: son aquellos clientes sobre los que han recaído acciones comerciales pero que aún no han materializado compra alguna en la empresa.
- Referencias: son aquellos clientes potenciales sobre los que se posee información comercial respecto a sus preferencias y se conoce que estas pueden ser satisfechas por productos o servicios de la empresa.

10. Indique los subtipos de clientes insatisfechos.

Clientes de insatisfacción expresa: son ellos los que manifiestan a la empresa su descontento y la empresa puede realizar acciones para evitar esta insatisfacción.

Clientes de insatisfacción no expresa: son aquellos clientes que, aun no estando satisfechos con la compra, no hacen manifestación alguna de su descontento, la empresa no conoce este estado y no puede realizar acciones de enmienda, son clientes generalmente perdidos.

11. Indique los tres tipos de resoluciones en la negociación.

- Equilibradas: donde cada parte encuentra un porcentaje similar de éxito y fracaso en su postura.
- Injustas: donde una parte impone su posición sobre la parte contraria de forma total o parcial.
- Abandonadas: donde ambas partes o una de ellas, desiste de su posición, renuncia al acuerdo y da lugar a la desaparición del conflicto.

12. ¿Qué es el cierre forzoso?

Cierre forzoso: este tipo de resolución se presenta cuando una parte solo da una alternativa a la otra y la otra acepta por no tener otra elección posible. Queda candente una posición dominante sobre la otra.

13. Relacione un elemento de cada columna para que las cuatro relaciones tengan sentido.

a. Negociación
b. Cliente
c. Resolución
d. Cierre

b. Regular
d. Disyuntivo
a. Colaborativa
c. Equilibrada

14. Complete la siguiente figura.

15. Indique los 7 errores de la figura.

Solucionario Capítulo 6

1. **Complete los huecos con algunas de las palabras que se indican abajo para que los párrafos tengan sentido.**

   a. Se entiende **Calidad** como el estado y rasgos de un producto, servicio o **proceso** que lo hace digno de una solidez, confianza y seguridad en su **consumo** por parte del consumidor o usuario.

   PROCESO - CALIDAD - SERVICIO - CONSUMO – ESTADO - USUARIO

   b. Los Indicadores de Calidad **humanos**: relacionados con la actuación del **personal** de la entidad tanto a nivel **externo** (cliente) como **interno** (relación con los compañeros).

   RENTABLES – TÉCNICOS - EXTERNO – PRIMARIO – HUMANOS – INTERNO – PERSONAL

   c. La Calidad de diseño se refiere son los aspectos percibidos **externamente** del **producto o servicio** tales como material, composición, exposición, etc. pero bajo la perspectiva planificada.

   DISEÑADOR – PLANIFICADA – INTERNAMENTE – EXTERNAMENTE – PRODUCTO O SERVICIO - DISEÑO

2. **¿Cuál no es un parámetro de control?**

   a. Calidad de Diseño.
   b. Calidad de Forma.
   c. Calidad de Conformidad.
   d. Calidad de Uso.

3. **Son documentos de recogida de información tanto cualitativa como cuantitativa fruto de la observación de un determinado factor de calidad.**

   a. Hojas de Control
   b. Hojas de Evaluación
   c. Hojas de Registro
   d. Las opciones a y c son correctas.

4. La suma total de los indicadores de calidad de una entidad determinada se conoce como...

a. ... el Sistema de Indicadores de Calidad.
b. ... el conjunto de indicadores de Calidad.
c. ... el Sistema de Gestión de Calidad.
d. Las opciones a y c son correctas.

5. El Modelo SERVQUAL es...

a. ... un modelo de indicador de calidad.
b. ... un modelo de evaluación de calidad.
c. ... un modelo de entidad evaluadora.
d. Todas las opciones son incorrectas.

6. Un histograma representa valores para...

a. ... datos cualitativos solamente.
b. ... datos en valores concretos.
c. ... datos para intervalos.
d. Todas las opciones son incorrectas.

7. Indique lo que se conoce en estadística como "muestra".

Debido a la imposibilidad de estudiar un campo tan amplio como puede llegar a ser la población, la muestra es una parte representativa de la población, es decir, un segmento pequeño de la población que representa las características de la globalidad. En el ejemplo, anterior una muestra podría ser 100 ciudadanos de cada país europeo.

8. Según la normativa ISO, ¿qué información debe proporcionar el análisis de datos en materia de calidad?

- Satisfacción del cliente.
- Requisitos del producto.
- Características de los procesos y productos.
- Tendencias de los procesos y productos.
- Oportunidades para llevar a cabo acciones preventivas.
- Los proveedores.

9. Indique las finalidades de la Calidad.

- Satisfacción del cliente: de afectación directa a la materia de estudio de este manual, ya que cuanto mayor sea la satisfacción del cliente, menores serán los conflictos surgidos entre el mismo y la entidad.
- Aumento de la cuota de mercado: fruto de lo anterior, los clientes satisfechos van a repetir sus compras y van a traer nuevos clientes debido al boca a boca y la publicidad positiva obtenida.
- Mejora continua: la calidad no entiende solo hacer bien las cosas, la calidad pretende hacer siempre mejor las cosas, aunque se estén haciendo bien, siempre hay una forma de hacerlas mejor.

10. Indique tres tipos de Indicadores de Calidad.

- Indicadores técnicos: donde se agrupan tanto factores científicos y tecnológicos como de composición de productos y materiales.
- Indicadores humanos: relacionados con la actuación del personal de la entidad tanto a nivel externo (cliente) como interno (relación con los compañeros).
- Indicadores económicos: relacionados con la composición financiera (Ingresos-Costes) que afecta a la fabricación del producto o prestación de servicio.

11. Indique la utilidad de las encuestas como técnica de control.

Encuestas: donde a través de un cuestionario se obtengan los datos necesarios respecto a los factores a evaluar. Las encuestas pueden ser estructuradas (preguntas con respuestas a través de opciones predefinidas) o no estructuradas (libertad de respuesta para el encuestado).

12. Relacione un elemento de cada columna para que las cuatro relaciones tengan sentido.

a. Diagrama...
b. Técnica de control
c. Indicador...
d. Incidencia...

c. ... de calidad.
a. ... de flujo.
d. ... anomalía.
b. ... entrevista.

13. Indique verdadero o falso en las siguientes afirmaciones.

a. Se conoce como incidencia el hecho irregular que supone una paralización temporal del proceso de consumo y que sus consecuencias no revisten gravedad debido a su escasa repercusión en la marcha de la empresa.

☑ **Verdadero**
☐ Falso

b. Los indicadores de Calidad específicos son los que van referidos a la globalidad de un servicio o entidad, por ejemplo, número de clientes que vuelven a la empresa una vez realizada la primera compra.

☐ Verdadero
☑ **Falso**
Estos son los generales.

c. Las medidas encaminadas a corregir las divergencias entre los resultados planificados y los realmente obtenidos, se conforman bajo el control de la calidad de manera que la observación de las diferencias pueda ayudar a la gestión empresarial a establecer medidas que corrijan las deficiencias evitando problemas mayores.

☑ **Verdadero**
☐ Falso

14. Complete la figura con respectos a las características de los Indicadores de Calidad.

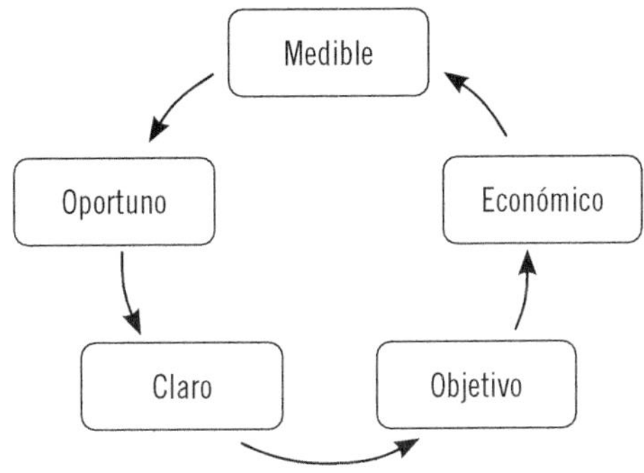

15. Localice los siguientes términos en la Sopa de Letras.

a. Se realiza para detectar errores en la estimación: **CONTROL**
b. En las organizaciones se dice que es "total": **CALIDAD**
c. Lo es el de Flujo y el de Barras: **DIAGRAMA**
d. Muestra niveles de calidad en determinada variable: **INDICADOR**
e. Lo que se realiza para ver el nivel alcanzado por los indicadores de calidad: **EVALUACIÓN**
f. La calidad la considera siempre "Continua": **MEJORA**
g. Lo son, cuando no se afectan por apreciaciones de la persona que los observa: **OBJETIVOS**
h. Diagrama que organiza los datos en orden descendente: **PARETO**
i. Característica de la empresa de calidad. Seguridad en la base: **SOLIDEZ**

C	O	N	T	R	O	L	N	A	L	O	M
A	C	A	U	T	I	L	A	R	E	S	E
L	Z	J	O	U	N	F	H	B	V	N	J
I	S	O	L	I	D	E	Z	A	A	I	O
D	M	E	L	L	I	S	O	R	L	O	R
A	H	N	O	P	C	I	P	R	U	O	A
D	I	A	G	R	A	M	A	A	A	N	I
L	A	U	D	O	D	T	R	S	C	I	O
D	Z	O	I	R	O	E	E	E	I	N	N
C	O	N	C	I	R	I	T	C	O	O	N
O	B	J	E	T	I	V	O	S	N	A	A

Solucionario 4

Sistemas de información y bases de datos en consumo

Solucionario Capítulo 1

1. **Según el origen de la información, ¿qué tipo de fuentes de información podemos encontrar?**

   - Fuentes de información personales.
   - Fuentes de información institucionales.
   - Fuentes de información documentales.

2. **Las fuentes primarias de información son...**

   a. ... aquellas que se encuentran formadas por material ya conocido.
   b. ... aquellas compuestas por información original y ya conocida.
   c. ... aquellas que no siguen un esquema predefinido.
   d. ... aquellas que siguen un esquema predefinido.

3. **¿Qué es el CIDOC? Explíquelo brevemente.**

   Es el centro de información y documentación del consumo. Es una de las principales fuentes de información nacional perteneciente a la Dirección General de Consumo. Tiene por objetivo elaborar y difundir información en consumo a usuarios, consumidores, organizaciones, administraciones, etc.

4. **Complete el siguiente texto.**

   Monografía, o también llamado **libro**, será todo aquel documento de una determinada **extensión** que trata sobre un tema en particular realizado por **uno** o **varios** autores. Contiene información **específica** que podrá estar o no **actualizada** incluyendo una **bibliografía** sobre el tema.

5. **Indique cuáles son las diferencias básicas entre Periódico, Revista y Publicación seriada.**

   El periódico es una publicación con periodicidad inferior a una semana. La Revista es una publicación con periodicidad superior a la semana e inferior al año. La Publicación seriada posee una periodicidad superior a un año o a intervalos más irregulares de tiempo.

6. **Sopa de letras. Busque los diferentes tipos de materiales no convencionales o literatura gris. A continuación indique a qué tipo de fuente de información pertenecen.**

E	**T**	**N**	**E**	**T**	**A**	**P**
M	A	H	R	**A**	N	I
R	U	O	**M**	S	**S**	N
O	R	**R**	U	**I**	G	U
F	**O**	A	**S**	C	E	Z
N	U	**E**	I	K	B	E
I	**T**	A	M	R	C	P

- INFORME
- PATENTE
- NORMA
- TESIS

Todas forman parte de las fuentes de información primaria

7. **Indique cuál de las siguientes fuentes es una fuente secundaria de información.**

a. Encuestas a los consumidores.
b. Directorios.
c. Traducciones.

8. **Señale si las siguientes afirmaciones son verdaderas o falsas.**

a. Un índice KWOC es aquel en el que las palabras clave no se encuentran en medio de los términos contextuales de los documentos en los que encontramos dichas palabras.

☑ **Verdadero**
☐ Falso

b. Los índices KWIC/KWOC solo es posible encontrarlos en fuentes de información primaria en consumo.

☐ Verdadero
☑ **Falso**

c. Los Tesauros son las herramientas utilizadas para el procesamiento de la información, sometidas a regulación normativa internacional y formados en muchos casos por índices KWIC/KWOC.

☑ **Verdadero**
☐ Falso

9. ¿Cómo se denominan aquellas bases de datos que únicamente recogen información muy concreta y relativa a datos estadísticos, numéricos, resultados de encuestas, etc.?

a. Bases de datos documentales.
b. Directorios.
c. Bases de datos factuales.

10. Indique los distintos tipos de bases de datos según la temática y destino.

- Bases de datos científicas o tecnológicas.
- Bases de datos económicas y empresariales.
- Bases de datos pertenecientes a los medios de comunicación.
- Bases de datos político-administrativas y jurídicas.
- Bases de datos sanitarias.

11. Complete el siguiente texto.

La propiedad **intelectual** está integrada por los **derechos** de carácter **personal** y **patrimonial,** que atribuyen al autor la plena disposición y el derecho exclusivo a la **explotación** de la obra, sin más **limitaciones** que las establecidas en la **Ley.**

12. El derecho de autor tiene como objetivo proteger...

a. ... las obras escritas, obras manuscritas y obras artísticas.
b. ... las obras escritas, obras manuscritas, películas, obras artísticas, etc.
c. **... las obras escritas, obras manuscritas, películas, obras artísticas, etc., siempre y cuando sean originales.**

13. ¿Según qué convenio internacional se establece la duración mínima del derecho de autor tras su muerte?

a. Convenio de Luxemburgo.
b. Convenio de Viena.
c. **Convenio de Berna.**

14. El tratamiento de los datos según la Ley Orgánica 3/2018 depende del tipo de dato de que se trate. Indique cuáles son las categorías existentes y su tratamiento.

Según la normativa de protección de datos, estos se clasifican en tres categorías: básicos (datos de carácter personal), especiales (relativos a religión, ideología, salud, etc.) y de naturaleza penal. Con carácter general, solo se permite el tratamiento de los datos básicos, aunque las otras dos categorías pueden ser tratadas pero con restricciones.

15. Relacione el tipo de soporte de la información con su formato.

a. Impresos o escritos
b. Edición electrónica
c. Multimedia

c. Archivo JPEG
b. Documento HTML
b. Documento PDF
c. Archivo MOV
a. Facsímil

Solucionario Capítulo 2

1. **Según los tipos o herramientas de búsqueda de información, las encuestas y el estudio de documentos pertenecen a:**

   Los procedimientos o herramientas tradicionales de búsqueda de información.

2. **Sopa de letras. Busque seis diferentes tipos de procedimientos o herramientas de búsqueda de la información en consumo.**

O	**B**	**S**	**E**	**R**	**V**	**A**	**C**	**I**	**O**	**N**
A	H	Q	F	A	U	M	E	L	L	**O**
T	**P**	E	U	T	K	A	N	L	J	**I**
W	**E**	**N**	**C**	**U**	**E**	**S**	**T**	**A**	**S**	**C**
P	**R**	O	H	N	N	E	R	S	A	**A**
O	**I**	**B**	I	I	O	R	O	U	M	**L**
B	**O**	**L**	**E**	**T**	**I**	**N**	B	N	L	**S**
S	**D**	E	N	**W**	E	T	I	E	E	**I**
I	**I**	B	T	E	S	P	B	M	T	**G**
M	**C**	A	O	N	S	U	L	U	N	**E**
A	**O**	L	N	A	A	S	U	N	I	**L**

- ENCUESTAS
- OBSERVACIÓN
- PERIÓDICO
- LEGISLACIÓN
- BOLETIN
- WEB

3. **¿Qué significa que un recurso o fuente de información sea de calidad? Explíquelo brevemente.**

La calidad de un recurso o fuente de información dependerá de si esta satisface las necesidades y cumple los objetivos del demandante de información así como, si contiene una serie de criterios los cuales son:

- Autoría y credibilidad.
- Filiación.
- Actualidad.
- Propósito.
- Audiencia.
- Legibilidad.
- Objetividad.

4. **Complete el siguiente texto.**

La legibilidad de determinada **información** va a depender en gran medida no de la **habilidad** de lectura del usuario sino de la **capacidad** de este, de **interpretar** determinado tipo de información que se encuentra especialmente **estructurada** o formada por **tecnicismos.**

5. **Las distintas variables a tener en cuenta para la valoración de la información son:**

a. El precio y la calidad de la información.
b. El precio, la accesibilidad de la información y la legibilidad.
c. La objetividad, la audiencia y la calidad de la información.
d. La calidad de la información, el precio, el soporte y la accesibilidad de la información.

6. **El parámetro "Claridad" pertenece a la variable...**

a. ... precio.
b. ... soporte.
c. ... calidad.
d. ... accesibilidad.

7. **Una desventaja de las fuentes de información gubernamental es que...**

   a. ... en ocasiones la información no es suficiente.
   b. ... la información puede estar contaminada o sesgada.
   c. ... requiere de un gran número de personal cualificado para su elaboración.
   d. Todas las opciones son incorrectas.

8. **¿Qué es la filiación de una fuente o recurso de información? Explíquelo brevemente.**

   Es la relación existente de la fuente o recurso de información con sectores, grupos, comunidades, etc. con los que comparte su forma de pensar, ideología, forma de actuar, etc., es una variable importante porque determinará la manipulación o no de la información aportada.

9. **Señale si las siguientes afirmaciones son verdaderas o falsas.**

   a. El precio es una variable cuantitativa de la información por lo que su valor va a ser difícil de determinar.

      ☐ Verdadero
      ☑ **Falso**

   b. No se puede afirmar con rotundidad que exista un tipo de herramienta o procedimiento de obtener información cuyo coste sea el más adecuado ya que ello va a depender de un gran número de variables.

      ☑ **Verdadero**
      ☐ Falso

   c. La edición, la actualización de la información, la cantidad y los recursos multimedia disponibles entre otros, son parámetros a evaluar de la calidad de la información.

      ☑ **Verdadero**
      ☐ Falso

10. Complete el siguiente texto.

La **accesibilidad** de la información hace referencia a la facilidad de **acceso** de los **usuarios** a la información e incluso, a su **facilidad** de **comprensión.**

11. Indique los distintos tipos de sistemas de recuperación de la información en una base de datos.

- Mediante una búsqueda directa.
- Mediante la búsqueda de índices.
- Mediante una búsqueda jerarquizada.
- Mediante la búsqueda a través de códigos numéricos o alfanuméricos.

12. Marque la opción correcta. El comando o instrucción Not se utiliza...

a. ... para obtener como resultado páginas donde aparecen los términos que acompañan al comando.
b. ... para saber qué páginas tienen enlace con nuestra página.
c. ... para excluir algún término o palabra.
d. ... para devolver cualquier página que contenga el término que buscamos.

13. La existencia de bibliotecas virtuales requiere de un sistema de recuperación de la información que debe tener...

a. ... flexibilidad, precisión y automatización.
b. ... determinados medios tecnológicos para enlazar los recursos.
c. ... rapidez y facilidad.
d. Las opciones a y c son correctas.

14. ¿Qué diferencia existe entre los directorios y las bibliotecas virtuales? Explíquelo brevemente.

Los directorios son listados ordenados sistemáticamente de terminados datos que van a servir de guía para que los usuarios encuentren la información que demandan, mientras que las bibliotecas virtuales son aquellas bibliotecas cuyos contenidos se encuentran en un soporte electrónico o digital y cuto acceso se realiza mediante redes telemáticas.

15. Uno de los metabuscadores más famosos es:

a. Google.
b. MetaCrawler.
c. Baidu.
d. Yahoo.

Solucionario Capítulo 3

1. **Complete el siguiente texto.**

   Lenguaje documental es todo **sistema** artificial de signos **normalizados**, que facilitan la **representación** formalizada del contenido de los documentos para permitir la **recuperación**, manual o automática, de la **información** solicitada por los **usuarios.**

2. **Según los tipos de lenguajes documentales existentes, estos pueden ser:**

   Libres, controlados, precoordinados, postcoordinados, pudiendo realizarse combinaciones entre ellos dando lugar a lenguajes libres y precoordinados, controlados y precoordinados, libres y postcoordinados y controlados y postcoordinados. Así mismo existe otra clasificación en función de su estructura, dando lugar a lenguajes de estructurar jerárquica, asociativa y sintácticos.

3. **¿Qué significa indización? Explíquelo brevemente.**

   Es el proceso por el que se describe o se representa el contenido temático de un recurso de información.

4. **Marque la opción correcta. Según su contenido, los encabezamientos de materia se pueden clasificar en:**

   a. Encabezamientos simples o de un solo término.
   b. Encabezamientos seguidos de paréntesis.
   c. Encabezamientos geográficos.
   d. Encabezamientos formados por dos sustantivos.

5. **¿Qué diferencia existe entre palabras clave generales y palabras clave específicas? Explíquelo brevemente.**

   Las palabras clave generales van a poder ofrecer información muy generalizada sobre la materia que desea el usuario, mientras que las palabras clave específicas, van a poder ofrecer información al usuario sobre la materia que desea en un contexto o ámbito más específico.

6. **Complete el siguiente texto.**

Se denomina **sistema** al conjunto de elementos que se encuentran **interrelacionados** de manera que se obtiene un determinado **resultado** distinto a una simple **suma** de **elementos,** es decir, se crea algo **nuevo** a partir de la **interacción** de varios elementos **distintos.**

7. **Señale si las siguientes afirmaciones son verdaderas o falsas.**

a. El nivel de control operativo corresponde con los sistemas de información transaccionales.

☐ Verdadero
☑ **Falso**

b. Una de las ventajas de la implantación de un sistema de información transaccional (ERP), es la existencia de una gran red de consultores y una red enorme de soporte por parte de los proveedores de este tipo de sistemas.

☑ **Verdadero**
☐ Falso

c. Todo sistema de información administrativa apoya el control de las operaciones que realiza la organización.

☑ **Verdadero**
☐ Falso

8. **Marque la opción correcta. De las fases del ciclo vital de cualquier información y/o documento, la más importante es...**

a. La fase de captación.
b. La fase de registro.
c. La fase de modificación y/o actualización.
d. La fase de consulta de la información.

9. **Sopa de letras. Busque las siete funciones y servicios que desarrolla todo sistema de información.**

A	I	Q	U	E	I	M	A	B	U	L	N	R	C
C	L	A	S	I	F	I	C	A	C	I	O	N	O
T	U	B	A	N	O	M	U	S	L	U	T	I	M
E	S	U	B	S	R	R	R	T	M	M	A	N	P
F	T	N	O	I	C	A	R	E	P	U	C	E	R
R	P	O	R	A	A	B	I	R	N	N	R	C	E
E	R	R	I	M	R	U	E	A	A	A	O	E	S
S	O	D	O	K	U	E	N	C	C	D	M	R	I
A	L	M	A	C	E	N	A	M	I	E	N	T	O
M	U	I	L	U	E	O	N	T	O	R	O	E	N
I	N	T	R	A	N	S	M	I	T	I	R	R	S
O	I	Ñ	E	R	I	I	A	K	I	S	T	T	B
S	C	R	I	M	O	N	S	R	O	G	A	O	Z
N	O	I	C	I	B	I	H	X	E	O	U	N	U

- CLASIFICACIÓN
- COMPRESION
- ALMACENAMIENTO
- RECUPERACION
- PROCESAR
- TRANSMITIR
- EXHIBICION

10. Marque la opción correcta. El formato ".sxw" es usado para formatos de...

a. ... imagen.
b. ... texto.
c. ... video.
d. ... web.

11. Los distintos sistemas de clasificación de la información se dividen en:

Sistemas de clasificación exactos y sistemas de clasificación ambiguos.

12. Marque la opción correcta. El nivel de acceso a la información más elevado es el...

a. ... nivel de mantenimiento de la información no restringida.
b. ... nivel de consulta de la información no restringida.
c. ... nivel de mantenimiento de la información restringida o reservada.
d. ... nivel de consulta de la información incluyendo la restringida.

13. Complete el siguiente texto.

Todo **empresario** conservará los **libros,** correspondencia, **documentación** y justificantes concernientes a su negocio, debidamente **ordenados,** durante **seis** años, a partir del **último** asiento realizado en los **libros,** salvo lo que se establezca por disposiciones **generales** o **específicas.**

14. Marque la opción correcta. Una forma de clasificar los catálogos es por su función, pudiendo ser...

a. ... catálogos públicos.
b. ... catálogos generales.
c. ... catálogos colectivos.
d. ... catálogos topográficos.

15. Los datos de carácter personal son regulados por...

a. ... la Ley Orgánica 3/2018 de 5 de diciembre.
b. ... la norma UNE ISO/IEC 27001:2023.
c. ... el artículo 18.4 de la Constitución Española.
d. Las opciones a y c son correctas.

Solucionario Capítulo 4

1. **Complete el siguiente texto.**

   El CIDOC, se encarga dentro de la **Dirección General de Consumo** de la **elaboración** y **difusión** de la información necesaria a los **consumidores** y a las organizaciones y administraciones encargadas de la **defensa** de sus derechos.

2. **Marque la opción correcta. La relación que se establece entre una tabla con uno o más registros de otra tabla y viceversa se denomina:**

   a. Relación de uno a uno.
   b. Relación de varios a varios.
   c. Relación de uno a varios.
   d. Ese tipo de relación no es posible establecer entre las tablas.

3. **Defina base de datos documental y enumere los distintos tipos que pueden existir:**

   Una base documental es aquella en la que cada uno de sus registros es o se corresponde con un documento. Las bases de datos documentales pueden ser de texto completo, de archivos electrónicos y bases de datos referenciales.

4. **Relacione los siguientes términos de las tablas con sus sinónimos.**

   a. Tupla
   b. Cardinalidad
   c. Tabla
   d. Grado
   e. Atributo

   a. Registro
   b. Número de filas
   c. Fichero
   d. Número de campos
   e. Campos

5. **¿Qué diferencia existe entre palabras clave generales y específicas?**

   Las palabras clave generales van a poder ofrecer información muy generalizada sobre la materia que desea el usuario, mientras que las palabras clave específicas, van a poder ofrecer información al usuario sobre la materia que desea en un contexto o ámbito más específico.

6. **¿Qué problemas conlleva para una base de datos la redundancia de la información contenida en ella?**

   Produce un incremento del trabajo realizado por usuarios de la base de datos, provoca un desperdicio del espacio de almacenamiento, debido a que si no es necesario el almacenamiento en distintos lugares a la vez, dicha información ocupa un espacio digital (número de bytes) mayor del que debería tener y conlleva a una inconsistencia de los datos almacenados.

7. **Señale si las siguientes afirmaciones sobre los usuarios profesionales de las bases de datos, son verdaderas o falsas.**

   a. Los directivos son aquellas personas encargadas de controlar el desarrollo del proyecto de creación de la base de datos.

      - ☐ Verdadero
      - ☑ **Falso**

   b. Los administradores son aquellas personas encargadas de la gestión del sistema gestor de base de datos.

      - ☑ **Verdadero**
      - ☐ Falso

   c. El personal de mantenimiento son aquellas personas encargadas de dar soporte a los usuarios en el día a día de trabajo con el sistema gestor de bases de datos.

      - ☑ **Verdadero**
      - ☐ Falso

8. **¿Qué es la migración de datos?**

Es el proceso por el que se exportan/importan los datos desde un *software* de base de datos a otro o, desde una *software* de base de datos a una hoja de cálculo.

9. **Para la extracción de un conjunto de datos de una lista mediante el establecimiento de una serie de criterios impuestos por el usuario, se utiliza la función de...**

   a. ... subtotales.
   b. ... filtrado.
   c. ... validaciones.
   d. ...ordenación.

10. **Complete el siguiente texto.**

Con la **validación** de datos, la hoja de cálculo permite establecer la **definición** de los **valores** correctos a **introducir** en las celdas que conforman la **lista** de **datos.**

11. **Sopa de letras. Busque los cinco comandos de manipulación y formato de las hojas de cálculo.**

B	S	U	M	A	S	**B**	D	T	Y
S	**D**	B	I	N	S	**D**	U	F	**B**
C	**B**	**M**	U	D	E	**M**	X	**D**	C
U	**D**	C	**I**	A	S	**A**	**E**	F	E
N	**C**	N	V	**N**	C	**X**	M	A	S
H	**O**	T	D	U	**T**	E	K	Z	J
S	**N**	R	C	**R**	T	L	M	I	N
P	**T**	L	**A**	M	A	Y	S	C	L
A	**A**	**E**	X	C	N	T	R	L	D
P	**R**	**A**	**V**	**B**	**D**	S	R	O	L

- BDEXTRAER
- BDMIN
- BDMAX
- BDVARP
- BDCONTAR

12. Complete el siguiente texto.

Cuando una **celda** de la hoja de cálculo tiene una **fórmula** que hace referencia a su **propia** celda, el **usuario** se encuentra ante lo que se denomina **referencia circular.**

13. El formato condicional como función de análisis de datos, permite...

a. ... obtener gráficos con distinto formato.
b. ... únicamente dar formato a las celdas que contienen los datos.
c. ... resaltar celdas o rangos de celdas destacando valores inusuales mediante la utilización de iconos, colores, etc.
d. ... personalizar los informes, tablas y gráficos dinámicos de las hojas de cálculo.

14. Las medidas para controlar de manera exhaustiva el personal autorizado mediante la identificación directa se denominan:

a. Medidas Físicas.
b. Medidas establecidas por el sistema gestor de base de datos.
c. Medidas Personales.
d. Mediadas Lógicas.

15. Algunas de las bases de datos en consumo más importantes a nivel internacional son:

a. El CJE.
b. El catálogo de bases de datos de las encuestas del CIS.
c. La Dirección General de Consumo a través del CIDOC.
d. La OMC y el Eurostat.

Solucionario 5

Documentación e informes en consumo

Solucionario Capítulo 1

1. **Indique si las siguientes oraciones son verdaderas o falsas.**

   a. El formato de emisión de boletines de consumo se ha reducido exclusivamente a formato digital por el desarrollo reciente de las nuevas tecnologías.

   ☐ Verdadero
   ☑ **Falso**

   b. El tesauro es un tipo de lenguaje documental que distribuye y da forma a una o varias bases de datos.

   ☑ **Verdadero**
   ☐ Falso

   c. En la redacción de boletines de consumo nunca se enfatiza, el texto siempre se ciñe literalmente a la realidad sin usar este tipo de recursos estilísticos.

   ☐ Verdadero
   ☑ **Falso**

2. **Indique la opción correcta.**

   a. Existen varias formas de presentación de los tesauros: alfabética, gráfica y con lenguaje informático.
   b. El lenguaje documental tiene su base en el lenguaje natural para que las búsquedas resulten lógicas para el usuario.
   c. El tesauro es un tipo de lenguaje controlado.
   d. Las opciones b y c son correctas.

3. **Indique la frase correcta.**

   a. Los boletines son una gran fuente de información para usuarios sobre productos, normativa y trámites.
   b. Los informes no están destinados a consumidores finales solo a empresas o entes con interés en estudios de consumo.

c. Los boletines en papel son los que tienen mayor difusión debido a su menor coste y su facilidad de uso.
d. Todas las opciones son incorrectas.

4. Indique la opción incorrecta.

a. Los boletines de consumo no están afectados por la ley de protección de datos ya que no incluyen datos de carácter personal.
b. Existen informes de carácter confidencial cuya difusión está prohibida.
c. El derecho a información viene recogido en el artículo 13 de la Constitución Española de 1978.
d. En la Declaración Universal de los Derechos Humanos del 10 de diciembre de 1948 se recoge que a toda persona le corresponden las facultades de investigación, recepción y difusión de información.

5. Indique la opción correcta.

a. La intranet es un canal habitual usado por asociaciones de consumidores para difundir sus boletines periódicos.
b. El formato CD-ROM está más indicado para informes.
c. Las fuentes de información para elaborar boletines pueden ser de cualquier índole, lo importante es la redacción.
d. Las opciones a y b son correctas.

6. La principal diferencia entre boletines e informes es...

a. ... su extensión, los boletines son más amplios.
b. ... la diversidad de temas tratados, los informes tratan solo uno en profundidad y los boletines varios, pero de forma más abreviada.
c. ... el emisor, los informes son emitidos por entidades públicas y los boletines por asociaciones sin ánimo de lucro.
d. ... el receptor, los boletines están destinados a todo el público y lo informes a personal experto en consumo.

7. **La estructura del boletín incluye...**

   a. ... obligatoriamente título, sumario y artículos.
   b. ... obligatoriamente título, sumario, artículos e información sobre actividades.
   c. ... título, índice, introducción y conclusiones.
   d. ... los elementos que decida el autor.

8. **La finalidad perseguida con los boletines e informes...**

   a. ... es dar información relevante sobre consumo a usuarios.
   b. ... es únicamente dar publicidad a las empresas emisoras.
   c. ... dar información sobre eventos en empresas privadas.
   d. ... hacer que sus clientes estén satisfechos según criterio de compañías privadas.

9. **Encuentre en la siguiente sopa de letras cinco pautas para la elaboración correcta de documentos.**

C	S	R	D	W	R	S	G	E	**C**	T	Q	T	U	W	T	R	I	**P**
H	**O**	E	F	R	E	D	D	F	**O**	F	O	U	**E**	A	I	A	**R**	W
I	S	**N**	Y	X	E	X	W	M	**H**	R	A	X	**N**	W	K	**E**	E	B
K	Q	A	**C**	I	E	X	P	D	**E**	A	I	O	**F**	Z	**C**	K	U	Q
Q	A	U	U	**I**	Q	S	V	T	**R**	I	Ñ	S	**A**	**I**	N	D	L	M
E	V	D	T	A	**S**	U	U	M	**E**	F	O	T	**S**	U	H	G	O	A
N	I	U	X	Q	T	**I**	A	G	**N**	W	J	**I**	**I**	W	M	C	I	T
T	Q	V	C	R	D	S	**O**	T	**C**	J	**O**	B	**S**	U	S	E	H	B
Q	T	E	Z	C	C	P	S	**N**	**I**	**N**	Q	A	T	W	P	H	N	R
G	**C**	**L**	**A**	**R**	**I**	**D**	**A**	**D**	**A**	I	S	R	D	Y	A	C	Q	U

10. La presentación de informes y boletines...

a. ... debe ser maquetada e impresa por profesionales del diseño.
b. ... en forma digital es solo para su difusión a través de Internet.
c. ... puede llevarse a cabo en la propia empresa usando procesadores de texto habituales.
d. ... es mensual.

11. Defina la concisión como elemento de elaboración de textos.

La concisión hace que el escrito sea más asimilable al no usar palabras o expresiones innecesarias. El uso de estas hace más largo el comunicado, no aporta nuevas ideas y distrae al lector. No debe confundirse la concisión con la brevedad, una frase puede ser larga y concisa al mismo tiempo.

12. ¿Cuál es la diferencia entre el lenguaje libre y el lenguaje controlado?

Los Lenguajes libres son listas amplias de palabras claves no prescriptores. Las búsquedas en este tipo de sistemas ofrecen infinidad de resultados y el coste de su creación y gestión es más reducido. Los lenguajes controlados usan términos elaborados para las búsquedas en base a la terminología de la documentación tratada. Los resultados obtenidos suelen ser más específicos y no tan numerosos como los anteriores.

13. Relacione cada concepto con su ejemplo.

a. Sinonimia.
b. Nominalización.
c. Conector.
d. Referencias.

c. En consecuencia.
a. La finalidad del boletín es informar al consumidor. Dicho objetivo se materializa en informes de consumo.
d. Los galardonados llegaron en el primer vuelo, el presidente los saludó conforme a su llegada.
b. Los contribuyentes empezaron a llegar a las oficinas para cita previa a primera hora de la mañana. La llegada se produjo con normalidad y sin colas.

14. Relacione cada acción con su finalidad en boletines de consumo.

a. Inicio de cursos de mecanografía en la sede de la asociación.
b. Requisitos de documentación para pedir ayudas en reformas de viviendas.
c. La nueva normativa sobre cláusulas suelo ha cambiado en la comunidad de Andalucía.
d. Irvisa (empresa emisora del boletín) destina fondos para la una nueva investigación sobre el cáncer de colon.

a. Anuncio de eventos.
d. Consolidación de la imagen corporativa de la empresa.
b. Requisitos de interés para los usuarios.
c. Información normativa.

15. Indique la vía de difusión, Internet o intranet, más favorable para este tipo de documentos.

a. Informe corporativo de carácter interno. **Intranet**
b. Estudio estadístico sobre la compra-venta de automóviles de ocasión en España en 2020. **Internet**
c. Plan de actuación para reclamaciones eficientes. **Internet**
d. Informe confidencial. **Internet o intranet pero a través de email**

Solucionario Capítulo 2

1. **Indique si lo expuesto en las siguientes frases es verdadero o falso.**

   a. Los boletines de consumo presentan siempre el mismo tipo de fuente pues son de uso público.

      ☐ Verdadero
      ☑ **Falso**

   b. El texto para imprimir puede visualizarse a través de la pestaña Diseño de Página de Microsoft Word.

      ☐ Verdadero
      ☑ **Falso**

   c. Los procesadores de texto disponen de una amplia variedad de estilos por ello no es necesario modificarlos ni crear nuevos.

      ☐ Verdadero
      ☑ **Falso**

2. **Indique la opción correcta.**

   a. Todos los efectos de fuente están en el menú contextual.
   b. No es posible cambiar la fuente una vez elaborado el texto.
   c. El resaltado aplica franjas de color al renglón o párrafo seleccionado.
   d. Las opciones a y c son correctas.

3. **Indique la opción correcta.**

   a. El interlineado hace referencia al espacio entre el título del documento y los párrafos.
   b. El interlineado es el espacio entre renglones.
   c. El interlineado es el espacio entre distintos párrafos.
   d. Las opciones a y c son correctas.

4. Indique la opción incorrecta.

a. La sangría francesa es inversa a la sangría normal.
b. La sangría francesa se caracteriza porque hay menos espacio entre el primer renglón y el margen izquierdo del texto.
c. La sangría francesa puede realizarse con tabulaciones.
d. Las opciones a y c son correctas.

5. Indique la opción correcta.

a. Existen cinco tipos de tabuladores.
b. El tabulador decimal centra el texto conforme a la coma de una cifra con decimales.
c. En el tabulador izquierda, el texto avanza hacia la derecha y queda alineado en la izquierda.
d. Todas las opciones son correctas.

6. Las listas numeradas...

a. ... se pueden determinar antes o después de escrito el texto.
b. ... solo presentan un nivel, las viñetas sí permiten la creación de listas multinivel.
c. ... establecen viñetas para listar elementos.
d. ... no se usan habitualmente en informes.

7. La herramienta auto-corrección...

a. ... siempre hay que activarla, viene desactivada por defecto.
b. ... se limita a autocorregir automáticamente el texto.
c. ... se limita a señalar las palabras incorrectas para su tratamiento.
d. ... tiene dos formas de actuación: autocorrección y señalando la palabra errónea para su tratamiento.

8. Los SmartArt...

a. ... son exclusivamente representaciones gráficas de relaciones jerárquicas entre varios elementos.
b. ... se utilizan para representar relaciones o procesos de forma gráfica y sencilla.
c. ... se gestionan desde el apartado Párrafo del menú Inicio.
d. ... permiten la inserción de formas como triángulo, flechas, nubes de texto, etc.

9. La impresión...

a. ... se realiza únicamente desde la opción impresión de la barra de herramientas de ambos programas.
b. ... no permite cambios de último momento en el aspecto del texto.
c. ... profesional requiere que se visualice el documento mediante vista previa para la comprobación de todos los elementos de este.
d. ... permite únicamente la configuración de una impresora.

10. Los formularios...

a. ... solo permiten la opción de guardado en formato formulario.
b. ... ofrecen opciones y listas desplegables como variables.
c. ... no pueden realizarse en formato electrónico.
d. ... tan solo permiten la introducción de datos en texto.

11. Relacione las siguientes funciones con su ficha o menú en Microsoft Word.

a. Cambio de fuente.
b. Marcas de agua.
c. Controles de formularios.
d. Tabla.

b. Diseño de página
c. Programador
a. Inicio
d. Insertar

12. ¿Qué elemento insertable elegiría para los siguientes supuestos?

a. Ventas de los últimos cinco años representadas por cada año.
b. Organigrama de la empresa.
c. Pirámide nutricional.
d. Datos de clientes (teléfono, dirección y estudios).

c. Pirámide
d. Tabla
a. Gráfico de barras
b. Gráfico de jerarquía

13. Relacione cada elemento con su definición o función.

a. Conjuntos de acciones que se ejecutan de forma progresiva a petición del usuario.
b. Elemento que posibilita no tener que introducir de nuevo un texto.
c. Tienen como finalidad la obtención de datos de forma precisa con opciones de respuesta y desplegables con varias alternativas.
d. Permiten la impresión del logotipo o nombre de la empresa de forma difuminada detrás del texto del informe.

b. Autotexto
c. Formulario
a. Macro
d. Marcas de agua

14. ¿Es posible hacer el sangrado de primera línea con tabulaciones?

Sí, habría que insertar el tabulador justo donde se quiere el sangrado.

15. ¿Cómo se puede guardar un formulario?

Existen dos procedimientos: como documento normal o como texto protegido

Solucionario Capítulo 3

1. **Indique si lo que se afirma en las siguientes frases es verdadero o falso.**

   a. El proceso de creación de las tablas siempre se hace de la misma forma: se introduce la tabla en el primer momento y después los datos.

      ☐ Verdadero
      ☑ **Falso**

   b. Los estilos de tabla de Excel permiten hacer cambios de estilo en las tablas automáticamente.

      ☑ **Verdadero**
      ☐ Falso

   c. La vista de previa de impresión no aporta una visión real del texto a imprimir.

      ☐ Verdadero
      ☑ **Falso**

2. **La opción de vinculación...**

   a. ... solo está disponible en Microsoft Excel.
   b. ... permite unir archivo sin que haya sincronización entre ellos.
   c. ... se hace a través del menú Diseño de página en Excel y Formato en LibreOffice.
   d. ... permite que los datos importados cambien si el documento en origen varía.

3. **La función ÍNDICE...**

   a. ... es útil para buscar y reemplazar datos.
   b. ... es una función trigonométrica.
   c. ... permite buscar datos dentro de una tabla según dos parámetros: la posición de la fila y la columna.
   d. ... en LibreOffice se llama ELEGIR.

4. La ocultación de celdas...

a. ... es solo para columnas.
b. ... permite visualizar aquellas filas y columnas que sean relevantes ocultando las demás.
c. ... está disponible en la pestaña Vista.
d. ... no es posible aplicarla en cualquier tipo de tabla.

5. La combinación de celdas...

a. ... permite ocultar filas o columnas.
b. ... no es reversible.
c. ... une varias celdas en una sola ya sean filas o columnas.
d. ... une varias celdas de una fila exclusivamente.

6. La importación de tablas...

a. ... solo se puede realizar desde otro documento creado con el mismo programa.
b. ... es muy útil en la elaboración de informes porque extrae datos de otras fuentes y los introduce en documentos nuevos.
c. ... siempre se hace vinculando las tablas.
d. ... siempre se hace cortando y pegando las tablas.

7. Indique la frase correcta.

a. El desplazamiento de tablas dentro de una misma hoja de cálculo se realiza cortando y pegándola en la nueva ubicación.
b. Para cambiar el tamaño de las celdas se sitúa el cursor sobre las líneas de separación de celdas de la parte superior o izquierda de la hoja.
c. La edición de tabla permite hacer modificaciones sobre ella una vez que se ha creado añadiendo texto, celdas o cambiando el aspecto final.
d. Todas las opciones son correctas.

8. **Indique la frase correcta.**

   a. Siempre se crea la tabla y después se añaden los datos.
   b. Siempre que se añaden celdas nuevas se inserta toda una fila o toda una columna.
   c. La inserción de nuevas celdas se puede hacer solo desde el botón derecho del ratón.
   d. Todas las opciones son correctas.

9. **Indique la frase incorrecta.**

   a. La orientación horizontal posibilita en algunas tablas que se visualicen todos los datos sin necesidad de usar varias páginas.
   b. La inserción de un encabezado de página no es compatible con tablas de hojas de cálculo.
   c. La vista previa de impresión presenta la tabla con su aspecto final de cara a la impresión del documento.
   d. Todas las opciones son correctas.

10. **Indique la opción incorrecta.**

   a. La inmovilización de paneles permite ver los encabezamientos de la tabla aunque nos desplacemos por la hoja de datos.
   b. Se pueden inmovilizar todos los paneles que se deseen en una misma hoja.
   c. Pueden inmovilizarse filas y/o columnas.
   d. Las opciones a y c son ciertas.

11. **¿Qué métodos para ocultar filas o columnas conoce?**

Hay dos: ocultación de filas y columnas y cambio de altura de celdas.

12. Relacione las siguientes funciones con la herramienta que las ejecuta.

a. Hace posible la vista de la fila o columna seleccionada desplazándose a lo largo de toda la tabla.
b. Permite buscar datos dentro de una tabla según dos parámetros: la posición de la fila y la columna.
c. Permite que los cambios producidos en el documento original estén presentes en el secundario.
d. Une varias celdas en una.

b. ÍNDICE
c. Vinculación
a. Inmovilización de paneles
d. Combinación de celdas

13. ¿Cómo se buscan y reemplazan datos en tablas?

Accediendo al menú “Buscar y seleccionar” y “Buscar y reemplazar” para Excel y LibreOffice respectivamente.

14. ¿Es posible combinar filas y columnas al mismo tiempo? Justifique la respuesta.

Sí es posible, tan solo hay que seleccionar el área deseada y aplicar combinación de celdas.

Solucionario Capítulo 4

1. Indique si lo afirmado en las siguientes frases es verdadero o falso.

a. La representatividad es la característica que deben cumplir los gráficos para que se seleccionen al azar.

☐ Verdadero
☑ **Falso**

b. La leyenda da instrucciones para comprender el gráfico asociando datos a colores.

☑ **Verdadero**
☐ Falso

c. Los gráficos de líneas no tienen sentido si se representan varias series de datos.

☐ Verdadero
☑ **Falso**

2. Los gráficos de barras...

a. ... utilizan una estructura de columnas.
b. ... solo sirven para una variable representada.
c. ... no pueden usar como criterio el tiempo ya que nunca miden la evolución a lo largo de este.
d. ... siempre son acumulativos.

3. Los gráficos con anillos...

a. ... no pueden representar la evolución de varios años de una variable.
b. ... son iguales a los gráficos radiales, tan solo cambia la forma, en el radial esta es poliédrica.
c. ... usan porcentajes para su representación.
d. ... tienen carácter muy profesional y no se suelen usar en boletines de gran difusión.

4. Los gráficos...

a. ... nunca pueden modificarse una vez que se han creado, habría que crearlo desde el principio.
b. ... solo pueden modificarse algunas de sus opciones con respecto al diseño pero nunca los datos que le han dado forma.
c. ... admiten cambios en las series de datos, cambiando la tabla de origen o añadiendo series nuevas.
d. ... admiten cambios en las series de datos pero solo si se cambia la tabla inicial de datos.

5. Con respecto a la ubicación...

a. ... no se puede cambiar una vez introducido el gráfico.
b. ... puede cambiar de hoja de cálculo pero no de tipo de documento.
c. ... admite cambio de hoja y de documento.
d. ... si se cambia a otro documento solo se puede hacer con formato de imagen.

6. Indique la frase correcta.

a. Los gráficos de áreas son similares a los de líneas en cuanto a su representación.
b. Los gráficos de áreas presentan toda el área rellena.
c. Los gráficos de líneas son muy útiles para ver la evolución temporal de una variable.
d. Todas las opciones son correctas.

7. Indique la opción incorrecta.

a. En el gráfico radial se compara la extensión de los diferentes poliedros.
b. El gráfico radial tiene una estructura muy peculiar por lo que se le conoce como gráfico de araña.
c. El gráfico radial está indicado para representar la evolución temporal de una variable.
d. El gráfico radial aumenta en complejidad conforme se añaden series nuevas de datos.

8. Indique la opción correcta.

a. Las etiquetas de datos muestran los datos numéricos representados en el gráfico.
b. Las etiquetas de datos solo se pueden aplicar en gráficos de barras.
c. Las etiquetas de datos complementan y hacen más entendible el gráfico.
d. Las opciones a y c son correctas.

9. Indique la opción correcta.

a. Los gráficos pueden insertarse en otros documentos con su propio formato.
b. La inserción de gráficos puede hacerse como imagen para que los datos no puedan ser modificados.
c. En cuanto a la casación con el texto, la forma recomendada para insertar el gráfico es hacerlo en línea ya que el gráfico suele presentar grandes dimensiones.
d. Las opciones a y c son correctas.

10. ¿Todos los gráficos presentan ejes?

No, depende del tipo, de los sectores, anillos, pictogramas y de movimiento no los tienen.

11. ¿Las líneas de división están siempre presentes en las áreas de gráficos?

No, son siempre son opcionales y en algunos casos no se recomiendan ya que recargan el resultado.

12. ¿Puede modificarse el tamaño del gráfico una vez que se ha insertado dentro de un documento?

Sí, a través de los tiradores de sus extremos.

13. Relacione las siguientes imágenes con su tipo.

a. RADIAL
b. DE DISPERSIÓN
c. PICTOGRAMAS
d. DE SUPERFICIES

c.

d.

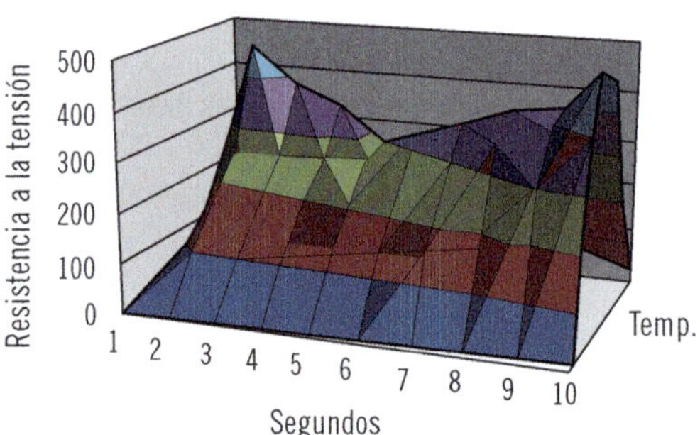

a.

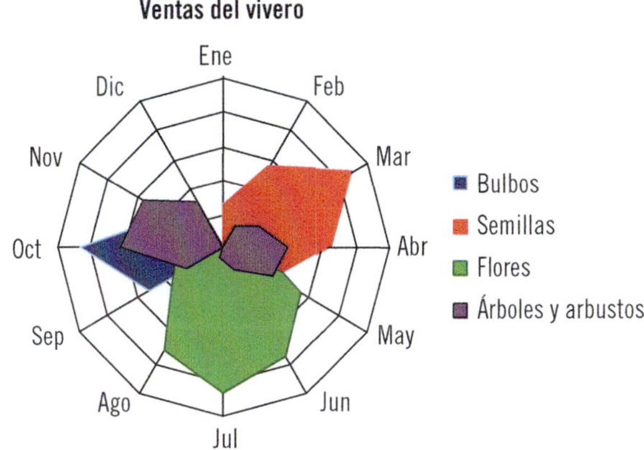

b.

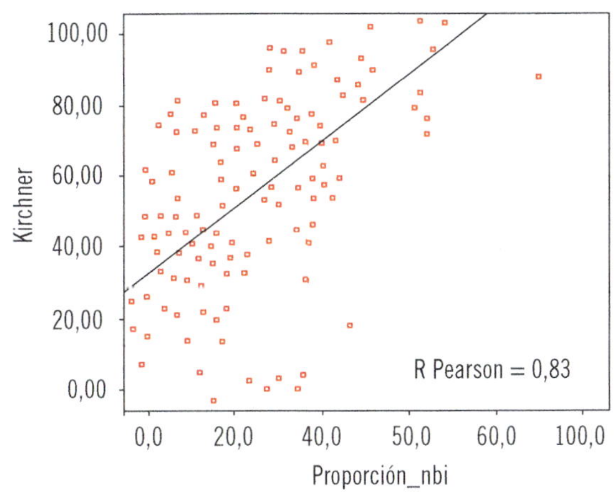

14. Indique cuál de las siguientes opciones son posibles para insertar un gráfico dentro de un texto.

a. En línea con el texto. **Sí**
b. Al principio del texto. **No**
c. Detrás del texto. **Sí**
d. Al final del documento. **No**

15. Indique qué tipo de gráfico es más indicado para cada objetivo.

a. Evolución de las ventas de una firma a lo largo de un año.
b. Número de matriculados en cada uno de los cursos impartidos por una academia.
c. Evolución de los precios y venta de acciones.
d. Pasos a seguir en un proceso.

d. Grafo
a. Gráfico de línea
c. Gráfico de cotizaciones
b. Gráfico de sectores

Solucionario 6

Inglés profesional para actividades comerciales

Ejercicios de autoevaluación

Unidad de Aprendizaje 1

1. ¿Cuál de las siguientes frases se utiliza para exponer hechos en la presentación de información?

   a. **We're on Schedule.**
   b. I'm open to suggestions.
   c. Fair enough.

2. Indica si las siguientes frases son verdaderas o falsas.

   a. When closing a meeting we say: Time's running out.

      - **Verdadero**
      - Falso

   b. When thanking participants we say: Can we just recap on what's been agreed?

      - Verdadero
      - **Falso**

   c. When dealing with different views we say: I understand what you are saying.

      - **Verdadero**
      - Falso

3. Señala si las siguientes frases son para invitar o para responder a invitaciones.

   - Maybe we can take this further over dinner.
   - I was wondering if we could meet.
   - Let me just check my diary.
   - What time would suit you best?
   - Would Tuesday be good for you?

Solución

Invitar

- Would Tuesday be good for you?
- Maybe we can take this further over dinner.
- I was wondering if we could meet.

Responder

- Let me just check my diary.
- What time would suit you best?

4. Relaciona cada término en inglés con su traducción en español.

a. Welcome to...
b. Let me introduce myself.
c. I'm going to talk about...
d. Greetings.
e. Purpose.

b. Dejen que me presente.
c. Voy a hablar de...
e. Propósito.
a. Bienvenidos a...
d. Saludos.

5. Indica si las siguientes frases son verdaderas o falsas.

a. Un ejemplo de comunicación escrita formal es el *e-mail.*

- Verdadero
- **Falso**

b. El acta es un tipo de comunicación escrita informal.

- Verdadero
- **Falso**

c. Cuando escribimos a un compañero, nos despedimos con "Take care".

- **Verdadero**
- Falso

6. Completa las siguientes frases con "catalogues", "conversation", "order", "address".

a. We **address** you by means of this letter to...
b. We send the requested **catalogues**...
c. Thank you very much for your **order**...
d. As we agree in the **conversation** of the day...

7. Relaciona cada término en inglés con su traducción en español.

a. Good customer service
b. Reliability
c. Being helpful
d. I'm sorry to bother you, but...
e. I think you might have forgotten to...

d. Siento molestarle, pero...
e. Creo que puede haber olvidado que...
a. Buen servicio al cliente
b. Fiabilidad
c. Ser amable

8. Completa las siguientes frases con "understand", "happened", "promise", "problem".

a. What seems to be the **problem?**
b. I **promise** you I'll...
c. I'm just trying to **understand** the problem.
d. What **happened** exactly?

9. Indica si las siguientes frases son verdaderas o falsas.

a. La respuesta por correo electrónico a una reclamación debe ser larga.

- Verdadero
- **Falso**

b. La comunicación telefónica se trata de un medio frío y distante, que exige una mayor formalidad en las reclamaciones.

- **Verdadero**
- Falso

c. Para atender a las reclamaciones, es mejor utilizar un lenguaje que se adapte al tipo de comunicación del cliente.

- **Verdadero**
- Falso

10. Identifica cuál de las siguientes frases se puede utilizar para solucionar problemas.

a. Are there any questions?
b. Beyond all reasonable expectation...
c. I think it will be good to...
d. Do you know each other?

11. ¿Qué expresión utilizarías si quisieras saludar a las diez de la noche?

a. Good morning
b. Good night
c. Good afternoon
d. Good evening

12. ¿Cuál de las siguientes expresiones se utiliza para realizar invitaciones?

a. How do you fancy going...
b. It´s my pleasure.
c. Do you mind...?
d. I'm afraid that you are mistaken.

Ejercicios de autoevaluación

Unidad de Aprendizaje 2

1. Relaciona cada término en inglés con su traducción en español.

a. After-sales service
b. Expensive
c. A glass of...
d. Delivery
e. In cash
f. Free

c. Un vaso de...
d. Entrega
e. Al contado
a. Servicio posventa
f. Gratis
b. Caro

2. ¿Cuáles de las siguientes características de un producto o servicio corresponden a las funcionales?

a. Calidad y marca
b. Color y tamaño
c. Composición y cualidades
d. Tamaño y prestigio

3. Identifica si las siguientes afirmaciones son verdaderas o falsas.

a. La estrategia de precios de prestigio consiste en fijar un precio inicial bajo, para conseguir entrar en el mercado de forma rápida y eficaz.

- Verdadero
- **Falso**

b. La estrategia de centrarse en lo que hacen los competidores puede realizarse estableciendo precios superiores, para transmitir una imagen de calidad.

- **Verdadero**
- Falso

c. Los descuentos por volumen no acumulativos tienen el fin de lograr compras frecuentes y conseguir así la fidelización del cliente.

- Verdadero
- **Falso**

4. Completa las siguientes frases con "like", "pay", "size" y "guarantee".

a. What **size** are you?
b. What would you **like**?
c. Has it got a **guarantee**?
d. Can I **pay** in cash?

5. Ordena las palabras para formar las frases correctas.

a. I / the / suppose / included / the / transport / is / in / price.
b. colour / What / for? / you / looking / are

Solución

a. I suppose the transport is included in the price.
b. What colour are you looking for?

6. Indique si las siguientes frases son verdaderas o falsas.

a. Para decir: "¿Cuánto pesa?", diremos: "How long is it?".

- Verdadero
- **Falso**

b. Una técnica para detectar las necesidades del cliente es la investigación de mercados.

- **Verdadero**
- Falso

c. El vendedor utiliza preguntas cerradas, con el fin de condicionar y orientar al cliente para que responda lo que le interesa.

- Verdadero
- **Falso**

7. Relaciona cada término en inglés con su traducción en español.

a. I appreciate...
b. I was thinking...
c. I am not interested on it
d. Let me consult
e. I've got stocks right now

c. No me interesa
e. Ahora tengo existencias
d. Déjeme que lo consulte
b. Estaba pensando...
a. Agradezco...

8. Las objeciones falsas podemos clasificarlas en...

a. ... evasivas, pretextos y prejuicios.
b. ... duda, malentendido e indiferencia.
c. ... evasivas, malentendidos y prejuicios.
d. ... ocultas, subjetivas y objetivas.

9. Completa las siguientes frases con "accept/discount", "receive/days", "offer/details" y "see/interested".

a. After showing the **offer,** I'm going to take note of your **details.**
b. I can **see** you are quite **interested** on our offer.
c. Remember you'll **receive** it at home in a couple of **days.**
d. If I **accept** it right now, can I get the **discount?**

10. Relaciona cada término en inglés con su traducción en español.

a. By no means
b. Greeting
c. Don´t mislead
d. Farewell

c. No despistar
d. Despedida
a. De ninguna manera
b. Saludo

11. Identifica si las siguientes afirmaciones son verdaderas o falsas.

a. El idioma interviene en un 93 % de la comunicación.

- Verdadero
- **Falso**

b. Para elaborar el argumentario de ventas hay que suministrar al profesional información exhaustiva sobre el producto, la empresa y el mercado.

- **Verdadero**
- Falso

12. ¿Cuál de las siguientes características no corresponde a preparar una exposición?

a. Pensar en posibles preguntas que puedan hacernos y pensar una respuesta satisfactoria.
b. Si nos hacen una pregunta comprometida, sugeriremos discutirla al final de la sesión.
c. No hace falta llevar el orden de nuestra presentación, simplemente se desarrollará según vaya dando lugar.

Ejercicios de autoevaluación

Unidad de Aprendizaje 3

1. Indica si las siguientes afirmaciones son verdaderas o falsas.

a. El descuento por pronto pago se realiza cuando el pago es por plazos.

- Verdadero
- **Falso**

b. El recibo lo emite la persona que cobra una cantidad de dinero.

- **Verdadero**
- Falso

2. Relaciona cada término en inglés con su traducción en español.

a. Amount
b. Delivery date
c. Cash on delivery
d. Tax base
e. Address
f. Complaint form

e. Dirección
c. Pago a la entrega
a. Cantidad
f. Hoja de reclamación
b. Fecha de entrega
d. Base imponible

3. ¿Cuál de los siguientes datos no aparece en una factura?

a. Total amount of the invoice.
b. Buyer's identification.
c. Complaint form.

4. Indica si las siguientes afirmaciones son verdaderas o falsas.

a. Los documentos tipo facturas, pedidos, albaranes o gestión de pagos solo se realizan de manera manual.

- Verdadero
- **Falso**

b. Una carta de reclamación puede tratar el descontento con un proveedor.

- **Verdadero**
- Falso

5. Completa las siguientes frases con "complaint", "discount" y "invitation".

a. This is an **invitation** to our new installations.
b. Complete the following **complaint** form.
c. During the next month any reservation will get a 40 % **discount**.

6. Relaciona cada expresión en inglés con su traducción en español.

a. I am writing concerning...
b. We have pleasure in...
c. We look forward to your reply
d. Enclosed is our firm order to...

c. Esperamos su respuesta
d. Adjunto nuestro pedido en firme
a. Le escribo respecto a...
b. Nos complace...

7. ¿Cuál es el objetivo de una carta de reclamación?

a. Reponer la mercancía en *stock*.
b. Enviar información sobre nuevos productos.
c. Hacer cumplir el acuerdo al que previamente se había llegado.

8. Completa las siguientes frases con "inconvenience", "solve" y "damaged".

a. You have still not given us any explanation for the **damaged** goods.
b. We will **solve** the situation as soon as possible.
c. We are sorry for any **inconvenience** that we may have caused you.

9. Escribe seis de las abreviaturas más usadas en la comunicación por carta y su traducción en inglés.

1. admón. / Administración / Administration
2. c/c / Cuenta corriente / Bank account
3. Cía. / Compañía / Company
4. dto. / Descuento / Discount
5. lib. / Librado / Drawee
6. p. a. / Por autorización / By authorization

10. Identifica cuáles son los tipos de informe según su contenido.

a. **Expositivo, valorativo y resolutivo.**
b. Personal, resolutivo y expositivo.
c. Independiente, personal e informativo.
d. Informativo, valorativo y expositivo.

11. Completa las siguientes frases con "letter", "due" y "deal".

a. It is **due** to the fall in the sales during last year.
b. This call has been hold through a **letter** sent by the president.
c. There is no other point to **deal** with.

Solucionario 6

actividades

Actividad 1

Asocia los huecos que aparecen enumerados en la siguiente factura con el contenido correspondiente.

- **Reference:** Long sleeved - Small: 0401 // Long sleeved - Medium: 0402 // Long sleeved - Big: 0403 // Short sleeved - Small: 0201 // Short sleeved - Medium: 0202 // Short sleeved - Big: 0203.
- **Price:** Long sleeved 35 €/u // Short sleeved 30 €/u.
- **Order:** 35 long sleeved shirts and 20 of short sleeved, both of small size; 40 short sleeved shirts of medium size, and 20 long sleeved shirts of big size.

Al que se aplica un descuento comercial del 8 % y se cargan unos portes de 30 €.

FACTURA EMITIDA POR **CONFECCIONES LUZ, S. L.** **C/Alfileres, 15** **45340 Toledo**	Sr. D. Luque C/ Lagos, 12 28042 Madrid
CIF O DNI: B-45435677	CIF o DNI: 25.012.532-A

FACTURA N.º 114

CANTIDAD/ AMOUNT	**DESCRIPCIÓN/ DESCRIPTION**	**PRECIO UNITARIO/ PRICE**	**IVA / VAT %**	**IMPORTE / TOTAL**
1	Long sleeved shirts, small size (0401)	35	18	2
20	Short sleeved shirts, small size (0201)	3	18	4
5	Short sleeved shirts, medium size (0202)	30	18	1.200
20	Long sleeved shirts, big size (0403)	35	18	6
	Subtotal:			3.725
	Descuento / Discount: 8%			-298
	Portes / Freightages:			30
	TOTAL			3.457
IVA / VAT	18 %	__%	__%	
BASE IMPONIBLE / TAXABLE INCOME	3.457			3.457
				622,26
			TOTAL FACTURA / TOTAL INVOICE	**4.079,26**

Relaciona cada uno de los números de la columna derecha con la cifra correspondiente de la columna izquierda:

a. 1	a. 600
b. 2	b. 30
c. 3	c. 35
d. 4	d. 700
e. 5	e. 1225
f. 6	f. 40

SOLUCIÓN

Al número uno le corresponderían 35 uds., al dos 1.225 €, al tres 35 €, al cuatro 600 €, al cinco 40 uds. y al seis 40 €.